Giorgione

orto e cucina 3

60 RICETTE ON THE ROAD DELL'OSTE CHE SPOPOLA SU GAMBERO ROSSO CHANNEL

*A mia moglie,
il "viaggio" e la "ricerca"
li abbiamo fatti insieme*

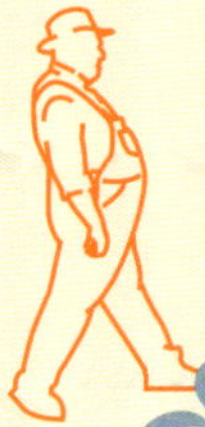

Sommario

In cucina con Giorgione

Gli anni di peripezie vissute insieme a Giorgione hanno arricchito la mia vita. Visitare luoghi mai visti, tornare con occhi nuovi in quelli già conosciuti, cercare prodotti di grande qualità e guardare negli occhi le persone che li creano con passione e, a volte, temerarietà, cercare immagini, panorami, scovare il bello che delizia lo sguardo, sono opportunità uniche per crescere umanamente. È indubitabile che al termine di ogni viaggio, siamo tornati migliori, ma se è già straordinario poter condividere lo stupore dell'inedito, l'assaggio di eccellenze gastronomiche, la stretta di mano di chi dedica la vita a far tesoro del gusto, quel che ci esalta davvero, ogni santa volta, è ragionare sulle ricette da cucinare. È il momento in cui emergono la curiosità, le reciproche fantasie, l'esperienza di tutto ciò che abbiamo assaggiato, il confronto con storie, consuetudini locali e le galassie di interpretazioni personali. Ci sediamo comodi, prendiamo appunti, valutiamo gli ingredienti a disposizione, passiamo in rassegna tipi di cotture, tecniche, accostamenti di sapori, ricette già provate, rileggiamo la tradizione con dovizia e, perchè no, consideriamo anche un'interpretazione diversa, quel "Alla come me pare" giorgionesco che però non è mai irriverente stravolgimento, piuttosto una rispettosa licenza.

Questo libro raccoglie quel che Giorgione ha cucinato in Emilia, Toscana, Umbria, Marche, Lazio. Sono regioni straordinarie per la tradizione italiana e le ricette che vi trovate sono nate dopo quelle gioiose ore trascorse a ragionare su come rendere onore ai tesori trovati, fedeli al nobile intento di "squagliar tonsille" e invogliarvi a ripeterle a casa vostra.

Andate e cucinate, fateci felici.

Stefano Monticelli
autore e regista delle serie tv GIORGIONE ORTO E CUCINA

Buon viaggio!

È quello che mi viene in mente, mentre sto completando questo libro. È il mio viaggio nell'Italia del centro, non mi piace scrivere "nord, sud o centro", provoca lontananze, ma geograficamente è così! Nel peregrinare di qua e di là, ti rendi sempre più conto di che miniera di prodotti ci sia nella nostra bella Italia, che i paesaggi, là dove l'uomo non ha fatto scempi, sono meraviglie vere. Là dove l'industria non ha trasformato l'agricoltura in "denaro", i prodotti da cucinare e da mangiare hanno sapori "primari" incredibili, qui, mentre li cucino, mi viene un timore reverenziale per la paura di rovinarli! Si può generalizzare, perché è tutto bellissimo e buonissimo! Girare le puntate insieme ad un gruppo coeso, disponibile e "geniale", attento e professionale, ti aiuta, per il clima che si crea, a una facilità nell' "osservare" incedibile. Molti di noi amano viaggiare. Il viandante è sempre alla ricerca di nuove cose, è curioso, conviviale, disponibile a essere spettatore "presente" a nuovi scenari...a ogni livello, quindi, viaggiate! Andate a cercare cose belle e buone. Vedere sempre le stesse cose e mangiare sempre la stessa "pappa" porta alla noia e più avanti alla paranoia soprattutto alimentare...quanta gente sta male nei confronti del cibo!
Poveri noi! Invece di prendere un pezzo di pane e metterci dentro olio e sale o burro e zucchero o una fetta di salame o prosciutto, compriamo le merendine. Non abbiamo più il tempo per la "scelta". Facciamo una buona spesa, quello che mangiamo fa parte di noi, entra dentro di noi, stiamo attenti! Io spero che questo libro faccia venire voglia di "diversificare" il più possibile il nostro quotidiano alimentare: giriamo questa bella Italia, andiamo a cercare le buone cose da vedere e da mangiare!

Buon viaggio e buonissimo appetito tutti.

Giorgio Barchiesi

Orto e Cucina

Viaggio al Centro

Emilia
Romagna
Marche
Umbria
Abruzzo

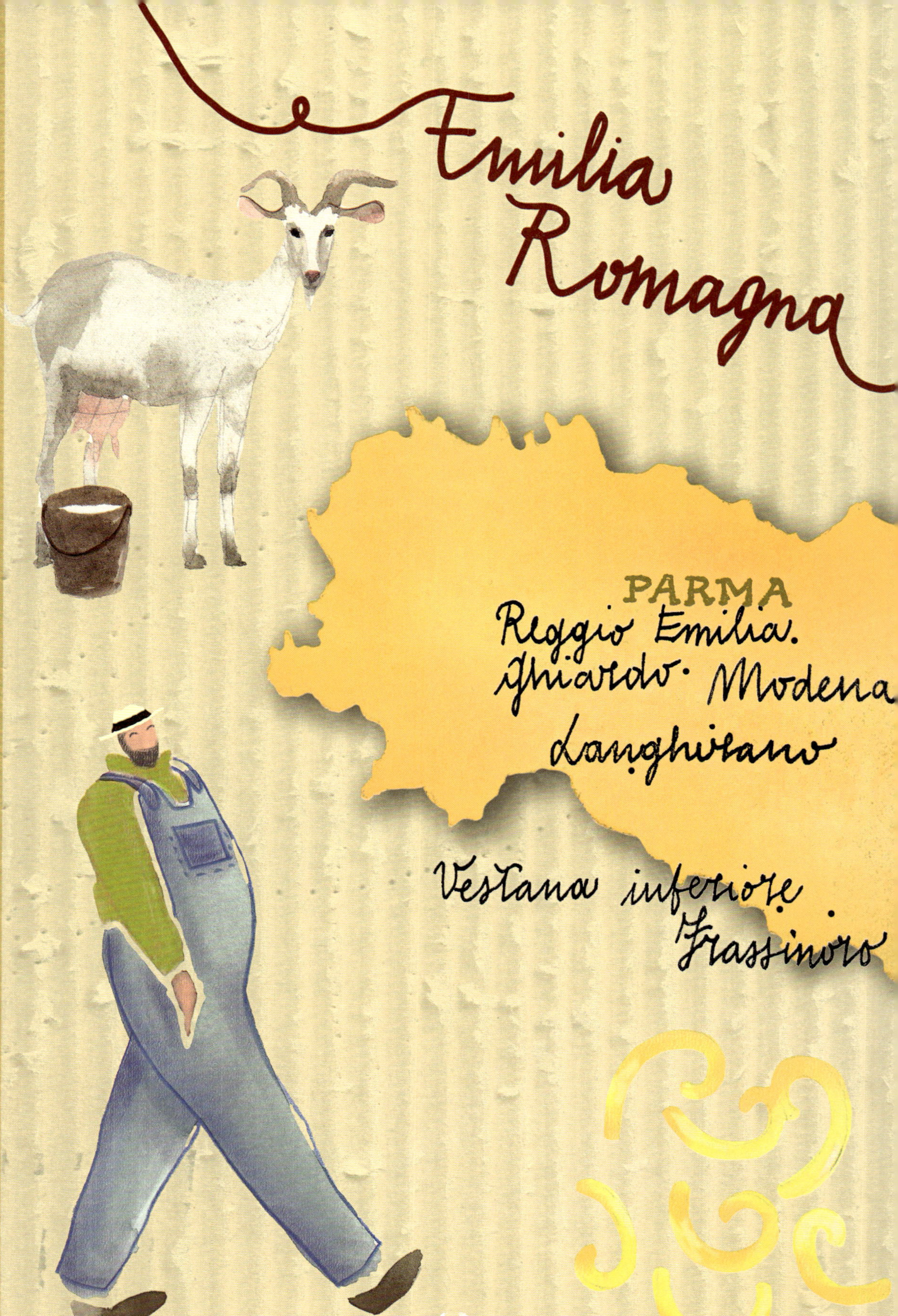
Emilia Romagna
PARMA
Reggio Emilia·
Guiardo· Modena
Langhirano
Vestana inferiore
Frassinoro

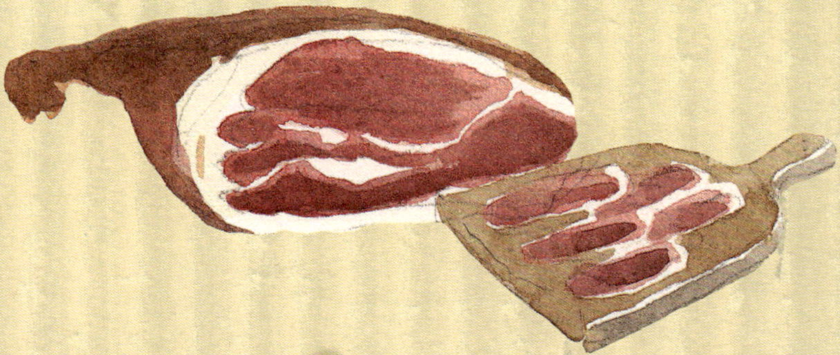

Che esperienza entrare nei Sancta Sanctorum
di Parmigiano, Prosciutto di Parma,
Aceto Balsamico. Una terra benedetta.

12

Che suino Nero!

Sono salito in collina, dalle parti di Vestana Inferiore, a Corniglio, per sapere qualcosa di più del Nero di Parma, una razza suina autoctona quasi scomparsa per far spazio agli onnipresenti maiali Large White, che crescono velocemente e hanno poco grasso. Questi, invece, come le altre razze "more" italiche, sono animali rustici e resistenti, che hanno bisogno di muoversi e pascolare liberamente, mettendo su una bella quantità di grasso di ottima qualità. Silvano, dell'azienda Ca' Mezzadri, mi ha ricevuto in un posto bellissimo, rispettato e poco frequentato, dove si allevano questi animali curiosi, sui quali si sta facendo un grosso sforzo di ricerca per cercare di ricostruirne le caratteristiche iniziali. Il Suino Nero di Parma viveva nella macchia: la sua alimentazione, a base di ghiande, ginepri e mele selvatiche, dava al grasso un sapore unico. Con l'andare del tempo questo profilo è stato snaturato, perché incrociato con maiali magri, negli anni in cui al grasso - errando - si faceva lotta senza quartiere. La situazione per fortuna sta cambiando e, con i miei occhi, ho visto i meravigliosi capostipiti della nuova generazione suina.

Tagliatelle con spuntature di Maiale

ingredienti

350 g di tagliatelle all'uovo
500 g di spuntature di maiale nero
1 cipolla rossa
2 carote
1 fetta spessa di guanciale
1 fetta di lardo
1 cucchiaio di strutto
1 barattolo di polpa di pomodoro
2 cucchiai di Parmigiano Reggiano 30 mesi
peperoncino
vino bianco
sale grosso
olio extravergine di oliva

Per prima cosa mettiamo l'olio in padella, una dose non eccessiva, perché ci sono altri grassi di cottura. Diamo una grattatina leggera alle due carote per togliere la scorzetta, mondiamo la cipolla, sminuzziamo e facciamo soffriggere. Aggiungiamo il guanciale a pezzettoni e, per ottimizzare, incorporiamo anche una cucchiaiata di strutto e un nonnulla di lardo battuto... vedrete come tutto diventa più soffritto! Questo grasso, usato alle giuste temperature e con parsimonia, serve a dare alla carne una doratura ottimale che l'olio, da solo, non le darebbe. Mettiamo in padella le spuntature, in fila come i soldatini, un pochino di sale grosso e il peperoncino; con fare suadente le giriamo e stiamo attenti che cuociano senza caramellare, quindi ci aiutiamo con qualche mestolo di brodo vegetale, che aggiungiamo poco alla volta per bagnare la carne; mettiamo il coperchio e lasciamo tirare per dieci minuti. Scoperchiamo, giriamo le spuntature, le annaffiamo con un sorsetto di vino bianco e una volta evaporato l'alcol aggiungiamo il pomodoro; abbassiamo la fiamma e facciamo cuocere con il coperchio per altri dieci minuti. Nel frattempo prepariamo la pentola per la pasta; quando l'acqua bolle manciatina di sale e buttiamo la tagliatelle. In un piatto piano disponiamo le spuntature ormai cotte, con qualche pezzetto di guanciale sopra; con il fondo di cottura condiamo la pasta, che scoliamo al dente e tuffiamo nel sughetto, mescolatina e impiattiamo. Cosa mancherà mai se non una spolverata di Parmigiano Reggiano? Faremo un test: "mmm... che ve lo dico a fare? La possiamo definire una crema di pasta? Buon appetito!".

I luoghi del prosciutto

Mette quasi soggezione venire a Langhirano, nella culla del prosciutto di Parma: la tradizione porta avanti un prodotto di grande qualità certificata, con un rispetto per un'etica di produzione che purtroppo in molti altri luoghi sta sparendo. Processo laborioso in tutti i suoi passaggi, la produzione di questo simbolo del made in Italy è tutta naturale e ha una chiave di volta nell'aria asciutta di queste terre, che conferisce alla stagionatura e all'affinamento dei prosciutti le caratteristiche di un prodotto unico nel suo genere.

Gnocco fritto con prosciutto di Parma

ingredienti

PER LO GNOCCO

300 g di farina 1

30 g di strutto

100 ml di acqua

5 g di sale

5 g di lievito di birra

1 cucchiaio d'olio extravergine di oliva

PER FRIGGERE

500 g di strutto

PER FARCIRE

6 fette di prosciutto di Parma

La maniera migliore per mangiare un prosciutto di grandissima qualità come quello di Parma consiste nel mettere le fette sotto i denti in un sol boccone. Nella nostra presunzione gli diamo un valore aggiunto con lo gnocco fritto. Per prima cosa prepariamo l'impasto: in una terrina sciogliamo bene il lievito di birra nell'acqua appena tiepida; poi aggiungiamo lo strutto, l'olio e la farina, poca per volta. Impastiamo con un cucchiaio di legno, aggiungiamo il sale, mescoliamo bene e aggiungiamo altra farina, finché l'impasto diventa abbastanza consistente da poter essere lavorato con le mani, ma sempre morbido. A questo punto lo trasferiamo su una spianatoia e impastiamo fino a renderlo bello liscio e omogeneo; poi lo lasciamo in pace per un'oretta, coperto da un canovaccio. Trascorso il tempo del riposo, riprendiamo l'impasto e lo stendiamo con il mattarello su un piano infarinato a uno spessore di 2-3 millimetri. Con il bordo di un bicchiere ritagliamo dei dischi e li sistemiamo su un piatto. Prepariamo lo strutto, facendolo sciogliere in una padella con i bordi alti; quando raggiunge una temperatura alta... friggiamo! Tuffati nello strutto bollente, gli gnocchi si gonfiano e restano belli friabili e non unti. Li scoliamo e li sistemiamo su un vassoio. Il loro coronamento è raggiunto adagiandovi sopra le fette di crudo di Parma... mmm che spettacolo! Il piatto - rispettabilissimo tripudio del prosciutto - è servito!

Goloso e Crudo

ingredienti

6 fette di prosciutto di Parma
3 cucchiai di mascarpone
2 cucchiai di Parmigiano Reggiano 30 mesi

Involtini di prosciutto

Con delle splendide fette di crudo di Parma tagliato sottile prepariamo quelli che una volta venivano chiamati "messicani", degli involtini ripieni molto molto buoni. Per iniziare, in una terrina commistiamo per bene il mascarpone e il Parmigiano Reggiano grattugiato fino a ottenere una bella cremina. Poi prendiamo una alla volta le fette di prosciutto di Parma e sopra ogni estremità adagiamo una cucchiaiata di farcia; le arrotoliamo su loro stesse per creare i nostri involtini e il piatto è pronto. Semplicemente buoni!

ingredienti

350 g di rigatoni
3 cucchiai di mascarpone
1 noce di burro
40 g di erborinato di capra
Parmigiano Reggiano 30 mesi
3 fette di prosciutto di Parma

Rigatoni con prosciutto e mascarpone.

In una pentola di acqua bollente salata facciamo cuocere i rigatoni. Nel frattempo, in una terrina commistiamo per bene il mascarpone, una noce di burro, 1 cucchiaio di parmigiano e l'erborinato di capra, per creare una cremina che teniamo da parte. Facciamo scaldare il fondo di una padella antiaderente, mettiamo le fette di crudo di Parma e facciamo con il prosciutto quello che gli inglesi fanno con il bacon: lo bruschiamo. Poi lo trasferiamo su un tagliere e lo tagliamo striscette. Quando i rigatoni sono cotti li scoliamo, li mettiamo in una boule, versiamo la nostra crema, mescoliamo e a questo punto, come piovesse, il prosciuttino bruscato... senti che profumo!

Il fascino di Modena

Sono tutelati dall'Unesco la piazza Grande, il Duomo, e la Ghirlandina, bellezze di valore inestimabile che ci dicono tanto di Modena. Marcone mi ha raccontato vari aneddoti, in particolare sulla "pedra ringadora" (letteralmente "la pietra che arringa"), che nel Medioevo veniva utilizzata come pulpito dagli oratori. Ci sono salito anche io sopra a pronunciare il mio discorso, che emozione! Tra le meraviglie della città c'è il mercato Albinelli, struttura di inizio Novecento, ancora vivace centro della vita commerciale modenese, per nulla decadente come tanti mercati ormai purtroppo in Italia.

Io ho comprato della colorata bieta al banco di Andrea, la gramigna di grano duro e spinaci da Annarosa e la salsiccia fresca (che con la gramigna si sposa) da Franca; oltre agli acquisti naturalmente mi hanno regalato preziosi consigli culinari e poi c'è una curiosità: chiunque può lasciare qui la spesa appena fatta e farsela consegnare a casa in bicicletta. Bello, no? Un'altra esperienza incredibile l'ho scoperta in un centro anziani cittadino, dove agli ospiti si dà la possibilità di coltivare il proprio pezzo di orto. Un modo per socializzare, tenersi attivi e star bene. Amo Modena.

Preda Ringadora
X - XIII secolo
Restaurata nel 2013
Modena Estense

Gramigna con Salsiccia

ingredienti

500 g di gramigna gialla e verde
4 salsicce
5 cucchiai di pomodori pelati
200 ml di crema di latte
50 g di Parmigiano Reggiano 36 mesi
1 cipolla dorata
1 noce di burro
vino bianco
olio extravergine di oliva
sale

Gramigna all'emiliana con salsiccia, una ricetta della mia amica Nadia, che mi ha dato dei consigli che seguiremo pedissequamente, forse aggiungendo un tantinello d'olio in più o una noce di burro… ma viva Dio, perché no? In una pentola mettiamo a bollire l'acqua per la pasta. Nel frattempo, olio in padella, una dose giusta, né troppa né poca; una nocetta di burro, una cipolla dorata mondata e tritata molto finemente e facciamo spumeggiare tutto sul fuoco per qualche minuto. Sfumiamo con un nonnulla di vino bianco, lasciamo che l'alcol evapori e aggiungiamo le salsicce spellate e rotte grossolanamente; poi alziamo la fiamma e con i rebbi di una forchetta "sfracagnamo" i pezzetti di carne e cerchiamo di sgranarli per bene. Aggiustiamo di sale e facciamo cuocere per qualche minuto. Poi aggiungiamo il pomodoretto - è importante che sia bello tirato – e smuciniamo. Lavoriamo a fuoco vivace, stando attenti a non far asciugare troppo il condimento della pasta, che si deve solo legare bene con la salsiccia. Dopo qualche minuto aggiungiamo un bel bicchierozzo di crema di latte, come se piovesse. Cuociamo a fuoco dolce per qualche minuto e, nel frattempo, nell'acqua salata che bolle, caliamo la gramigna e diamo una mescolatina propiziatoria. Quando è al dente la scoliamo e la versiamo nella padella con il sugo. Mantechiamo un po', la facciamo tirare per benino, ci spolveriamo su un po' di Parmigiano Reggiano e impiattiamo. Non posso esimermi dal fare un test: è celestiale!

La ricetta di Gianni

Anche detta Torta degli Addobbi, la torta di riso in Emilia è tradizione atichissima: era il dolce che si preparava in ogni casa appunto per la Festa degli Addobbi (o Corpus Domini), pronto per essere offerto a parenti e amici in visita. Gianni Brancatelli, cuoco di Agricucina della Bottega di Campagna Amica, a Reggio Emilia, ne fa una versione strepitosa con buon latte intero (lo stesso della produzione del parmigiano), riso Arborio, scorza di limone bio, bacche di vaniglia, anisetta e uova. Io ho tentato di replicarla, a voi il giudizio.

Torta di Riso

ingredienti

2 l di latte fresco intero
300 g di riso Arborio
500 g di zucchero semolato
1 limone non trattato
1 bacca di vaniglia
4 tuorli
2 uova intere
70 ml di anisetta
sale grosso

In una pentola capiente mettiamo a bollire il latte che deve essere ottimo, scrupolosamente fresco e intero; da subito versiamo anche il riso, quello della varietà Arborio, che si presta perché permette di raggiungere il compromesso tra il chicco che deve rimanere consistente, ma allo stesso tempo assicura una buona cessione dell'amido, in modo che tutti gli ingredienti si amalgamino per bene. Aggiungiamo delle scorzette di limone non trattato e due pizzichini di sale grosso. Poi prendiamo la bacca di vaniglia, profumatissima, la incidiamo nel senso della lunghezza, la apriamo, grattiamo bene i semini e li aggiungiamo al latte in pentola. Diamo giusto una movimentatina con il cucchiaio, aggiungiamo 250 g di zucchero e lasciamo sul fuoco. Da quando raggiunge il bollore lasciamo cuocere per circa 14-15 minuti, poi spegniamo la fiamma. Prendiamo una teglia, la rivestiamo bene con della carta forno fino ai bordi e ci buttiamo dentro il latte e il riso. Mentre aspettiamo che si freddi passiamo alla seconda fase. In una terrina mescoliamo i rimanenti 250 g di zucchero con i 4 tuorli e le 2 uova intere. Diamo una bella montatina, facciamo arieggiare bene il tutto con la frusta. Aggiungiamo il liquore all'anice, amalgamiamo ancora un po' e versiamo dentro la teglia insieme al riso e al latte. Inforniamo per circa 40-50 minuti a 160°C e ogni tanto controlliamo che, asciugando, il nostro intruglio non diventi troppo scuro in superficie. La torta di riso va mangiata fredda, ma se la assaggiate calda in più sentirete la fragranza dell'"appena cotto". Che squisitezza!

Losanghette e Bieta Rossa

ingredienti

PER LA PASTA

100 g di farina 1
100 g di farina 2
50 g di farina integrale
1 cucchiaio d'olio extravergine d'oliva
1 goccio di vino bianco
100 ml di acqua
1 pizzico di sale.

PER CONDIRE

200 g di bieta rossa e gialla
1 cipolla rossa
1/2 peperoncino
10 semi di finocchio
sale grosso
olio extravergine di oliva
Parmigiano **Reggiano** 30 mesi

Con la bieta coloratissima delle colline modenesi prepariamo un piatto altrettanto colorato e divertente. La puliamo, eliminando le estremità vicine alla radice, la laviamo e la strapazziamo, tagliandola grossolanamente. Cospargiamo con del sale grosso e la lasciamo in pace un attimo. Prepariamo un fondo in padella con una dose generosa di olio; affettiamo una cipolla e la facciamo andare con del peperoncino, quel tanto che basta per rendere il condimento un po' piccantino e che ci aiuterà a contrastare il sapore terroso della bieta e un nonnulla di semi di finocchio. Sfumiamo con un goccetto di vino per far ammalvire la cipolla e appena sentiamo che la parte alcolica è evaporata aggiungiamo la bieta. Abbassiamo la fiamma e copriamo, smucinando e aggiungendo un cucchiaio d'acqua di tanto in tanto. Intanto che stufa un po' prepariamo l'impasto per le losanghette. In una boule mescoliamo con un cucchiaio di legno la farina con un pizzico di sale, un goccio d'olio, uno di vino e versiamo poca acqua alla volta, facendola assorbire. Quando l'impasto non è più appiccicoso, io lavoriamo con le mani su una spianatoia, quindi lo stendiamo con il mattarello. Infariniamo bene, lo arrotoliamo su se stesso e tagliamo delle strisce larghe circa un centimetro e mezzo. Cuociamo la pasta in acqua bollente salata; appena viene su la scoliamo, la tuffiamo in padella, alziamo la fiamma e mantechiamo in allegria con la bieta. Impiattiamo. Spolverata di Parmigiano Reggiano e test.

I caprini modenesi

A Frassinoro, tra le colline modenesi, ho fatto una scoperta molto interessante. Le Capre della Selva Romanesca è il nome dell'allevamento di Romano: 300 animali di razza Camosciata delle Alpi, che pascolano liberi sui prati. I formaggi prodotti qui sono strepitosi, il loro sapore cambia in base alle stagioni e alla flora che entra nell'alimentazione delle capre. Ho assaggiato la ricotta, il caprino spalmabile, la robiola, l'erborinato, ma valgono il viaggio tutte le altre tipologie che si producono con il latte di queste bestie incredibili.

Ricette caprine

ingredienti

250 g di riso
80 g di erborinato di capra
1/2 cipolla rossa
foglie di crescione selvatico
40 g di burro
vino bianco
pepe

Riso con erborinato e crescione. Facciamo cuocere il riso in acqua bollente salata e lo scoliamo al dente. Mondiamo allegramente la cipollina, la tagliuzziamo fina fina e la facciamo andare in padella per "un'ammalvitina" con una dose sufficiente di burro. Versiamo un goccio di vino bianco per sfumare, macinata di pepe e poi subito aggiungiamo il riso. Lo facciamo steccare un attimo a fuoco vivace, uniamo l'erborinato di capra a tocchetti, lasciandone da parte un mucchietto, e amalgamiamo il tutto per qualche secondo. Impiattiamo, completiamo con qualche altro pezzetto di formaggio per insaporire - ma senza esagerare – e finiamo con le foglie di crescione selvatico.

ingredienti

1 uovo
1 pezzetto di caciotta di capra semistagionata
1 noce di burro
sale

Occhio di bue con caciotta. L'investigatore Nero Wolfe, personaggio di fantasia nato dalla penna dello scrittore statunitense Rex Stout, diceva che per preparare l'uovo al tegamino ci vuole sapienza e maestria perché è una delle cose più difficili da fare. E noi ci proviamo! In una padella facciamo sciogliere una noce di burro; quando inizia a sfrigolare rompiamo delicatamente l'uovo e lo cospargiamo con un po' di sale. Grattugiamo la caciotta di capra "a montagna di neve" sopra il tuorlo. Quando l'uovo è bello dorato alla base è pronto. Lo serviamo e lo assaggiamo.

Supplì con Caprino Spalmabile

ingredienti

250 g di riso
1 tuorlo
4 cucchiai di caprino spalmabile
4 cucchiai di pangrattato
olio di semi di girasole per friggere

A Roma sono tutti ghiotti di supplì, ma io penso che piacciano un po' ovunque, dalla Calabria alla Val Pusteria. Dentro ai nostri supplì metteremo una bella cucchiaiata di caprino spalmabile semplicemente delizioso e buonanotte al secchio. Per cominciare facciamo cuocere il riso in acqua bollente salata, lo scoliamo non troppo cotto e lo mettiamo in una boule. Lo lasciamo raffreddare un pochino, poi aggiungiamo il rosso d'uovo e con un cucchiaio diamo un'omogeneizzata. Passiamo alle mani: amalgamiamo un po' e prima di iniziare a fare le pallette ci cospargiamo le dita e i palmi con il pangrattato per evitare che il riso si attacchi. A questo punto prendiamo un pugnetto di riso, gli diamo la forma modellando una pallina, e una volta ottenuta le facciamo un'asola con un cucchiaio; all'interno dell'apertura mettiamo il caprino spalmabile, la richiudiamo unendo i lembi di riso e compattiamo per bene il nostro supplì. Procediamo così con tutti gli altri. In un pentolino con i bordi alti facciamo scaldare l'olio finché raggiunge una temperatura "sana", giusta per la frittura profonda; per sapere qual è possiamo immergere uno stecchino di legno: quando si formano delle catene di bollicine nell'olio è il momento giusto per tuffare i supplì, pochi alla volta. Li facciamo dorare bene e, una volta pronti, li scoliamo su un foglio di carta assorbente.

Erbazzone

ingredienti

PER L'IMPASTO

300 g di farina 1
2 cucchiai di strutto
1 cucchiaino di burro
acqua frizzante e
acqua liscia
sale grosso

PER LA FARCIA

500 g di bieta
1 cipolla
1 ciuffo
di prezzemolo
6 gambi di cipollotti
3 cucchiai
di Parmigiano
Reggiano 30 mesi
lardo
sale grosso
olio extravergine
di oliva

L'erbazzone - conosciuto anche con il vecchio termine "scarpazzone" - è una torta rustica molto particolare, tipica del territorio di Reggio Emilia. La ricetta si tramanda di generazione in generazione e si fa con la bieta. In una pentola con l'acqua che bolle mettiamo una manciata di sale grosso e lessiamo la verdura. Nel frattempo prepariamo l'impasto per la torta salata versando su una spianatoia la farina a fontana, un goccino d'acqua frizzante, qualche granello di sale grosso, un paio di belle cucchiaiate di strutto e un pochino di burro. Lavoriamo tutto con le mani e aggiungiamo poca acqua liscia alla volta finché il panetto diventa asciutto ed elastico. Copriamo con un canovaccio e lo lasciamo riposare. Intanto in padella facciamo ammalvire la cipolla affettata finissima con un nonnulla di olio e un goccino d'acqua. Quando la bieta è cotta la scoliamo, la facciamo raffreddare in una terrina, la strizziamo, la tagliuzziamo, la condiamo con un po' di pepe, mischiamo alla cipolla in padella e smuciniamo. Aggiungiamo un tritozzo di prezzemolo e gambi di cipollotto sbollentati, facciamo stringere e poi versiamo tutto in una boule. Riprendiamo l'impasto, lo dividiamo in due parti e le stendiamo entrambe sottili, ma non troppo; con una delle sfoglie foderiamo una teglia rivestita con carta forno, ci spalmiamo sopra la bieta, spolveriamo con il parmigiano, ripieghiamo i bordi verso l'interno, copriamo con l'altra sfoglia e cospargiamo la superficie con un filo d'olio, qualche granello di sale grosso e dei pezzettini di lardo. Inforniamo per 20 minuti a 175°C ed ecco "l'erbazzone alla Giorgiazzone".

Pollo e insalatine

ingredienti

2 sovracosce di pollo
1 mazzetto di prezzemolo
4 semi di finocchio
1 cipollotto
1/2 peperoncino
1 cucchiaino di strutto
1 limone non trattato
1 mazzetto di insalatine miste
1 mela limoncella
sale grosso
pepe
olio extravergine di oliva

Atto primo: prendiamo le sovracosce di pollo, le cospargiamo con un po' di sale grosso e pepe e le mettiamo in una terrina. Prepariamo un trito con prezzemolo, i semini di finocchio, un pochino di cipollotto, peperoncino, un nonnulla di strutto e una scorzetta di limone. Battiamo al coltello fino a ottenere una cremina con la quale copriamo il pollo dalla parte della carne - non della pelle - ci spremiamo sopra mezzo limone, versiamo anche un goccetto di vino bianco e lasciamo macerare. Atto secondo: prendiamo le insalatine, le sciacquiamo, le mondiamo e le spezzettiamo in una boule. Condiamo con un pochino di sale grosso, cipollotto a crudo sminuzzato, un goccetto di limone e un giro d'olio; smuciniamo e aspettiamo che ammalvisca. Nel frattempo facciamo scaldare un goccio d'olio in padella e mettiamo a rosolare le sovracosce di pollo dalla parte della pelle, finché diventa "scrocchiarella"; giriamo, abbassiamo la fiamma, aggiungiamo un po' di fondo della marinatura, mettiamo il coperchio e lasciamo cuocere per una decina di minuti. Prendiamo la mela, la sbucciamo, facciamo degli spicchi che sfreghiamo con mezzo limone per evitare che si ossidino, li tagliamo a cubetti e li aggiungiamo all'insalata. Quando il pollo è cotto lo disossiamo, sfilacciamo la carne e la aggiungiamo all'insalata. Non indugiate nello smucinare perché tutto deve essere intrisa del fondo di cottura. A questo punto facciamo il test: assaggiamo! Non è la solita insalata... è un'insalata semi seria, semi cotta, semi cruda, ma buonissima.

sua Altezza il Parmigiano

È emozionante visitare i luoghi in cui è nato il re dei formaggi italiani. Sono andato a vederne il processo di produzione all'Antica Fattoria Scalabrini di Ghiardo di Bibbiano, una delle aziende più antiche della zona. Ci troviamo di fronte ad animali formidabili, razze migliorate nel tempo per la produzione casearia. Le mucche vivono serene e mangiano un buon fieno polifita, composto da diverse essenze, che conferisce aromi al latte. Il parmigiano viene prodotto in due mungiture, col latte scremato della sera e quello intero della mattina. La lavorazione inizia scaldando il latte nelle tipiche caldaie di rame. Poi c'è la rottura manuale della cagliata con un attrezzo chiamato "spino" (perché anticamente lo si faceva con i rami di biancospino): momento importantissimo, andrà a determinare la dimensione della grana del formaggio. C'è poi la fase di riposo, a una temperatura di 55 gradi, nel fondo della caldaia si crea una massa granulosa, che viene raccolta con un telo di lino e messa in forma. Il prodotto finale viene battuto con un martelletto, per assicurarsi che all'interno non vi sia aria. Se la forma è perfetta, allora gli viene apposto il marchio di Parmigiano Reggiano.

Reggiano

Gnocchi di patate con Parmigiano Reggiano

ingredienti

PER GLI GNOCCHI

4 patate medie lesse

farina 1 q.b.

1 noce di burro

olio extravergine di oliva

sale grosso

PER LA CREMA DI PARMIGIANO

150 ml di crema di latte

100 g di Parmigiano Reggiano 30 mesi grattugiato

40 g di burro

4 foglie di salvia

pepe

Atto primo: prepariamo l'impasto sbucciando le patate (se sono vecchie è meglio, sono più adatte) e schiacciandole dentro una boule. Aggiungiamo 4 cucchiai di farina, sale grosso, un uovo, una nocellina di burro, un goccio d'olio – ma un goccio, eh! -, un po' di pepe, un filo d'acqua e smuciniamo con un cucchiaio di legno. Quando siamo vicini alla giusta consistenza raccattiamo l'impasto, lo trasferiamo su una spianatoia e aggiungiamo poco a poco altra farina, che deve assorbire l'umidità delle patate, per ottenere una consistenza morbida, ma non appiccicosa. Quando il panetto è pronto lo infariniamo, copriamo e lo lasciamo riposare. Atto secondo: prepariamo la crema di Parmigiano Reggiano. Padella e fuoco vivace: versiamo il burro, 70 g di parmigiano, la crema di latte e facciamo squagliare la magnificenza senza smettere di girare l'intruglio. Appena inizia a sobbollire aggiungiamo la salvia e facciamo restringere un po', poi spegniamo. Riprendiamo l'impasto e formiamo gli gnocchi; per fare una cosetta fru fru, su ogni gnocco esercitiamo una leggera pressione con i rebbi di una forchetta. Cuociamo gli gnocchi in acqua bollente salata, aspettiamo che vengano a galla, li scoliamo e li tuffiamo in padella con la crema di parmigiano. Accendiamo il fuoco per tirare il sughetto, spolverata di Parmigiano Reggiano a coronamento e un nonnulla di pepe appena grattugiato. Faremo un test. Delicatissimi! Gli emiliani, i reggiani e i parmigiani possono essere fieri di me.

Balsamico e

Sulle tracce dell'aceto balsamico ho scoperto un mondo: l'Acetaia Villa San Donnino, di San Vito di Spilamberto, fece da cornice al film "Novecento" di Bernardo Bertolucci. Sono entrato nella villa nella quale Robert De Niro pronunciò la battuta "C'è qualcuno?" e vide scendere, nel massimo del suo splendore, la bellissima Dominique Sanda. Si tratta di un edificio splendido, strepitosamente Liberty, conservato perfettamente dagli attuali proprietari. Davide mi mostra dei libri dell'Ottocento che già parlavano dell'Aceto Balsamico Tradizionale: oggi è una DOP, il cui ingrediente unico è il mosto d'uva, e può essere "affinato", invecchiato almeno 12 anni, ed "extravecchio", da un minimo di 25 anni. La differenza tra il Tradizionale e l'Aceto Balsamico di Modena IGP è che quest'ultimo ha come base l'aceto di vino, al quale si aggiunge mosto d'uva cotto concentrato e caramello, e invecchia molti meno anni, di solito uno o due. Nell'Aceto Balsamico Tradizionale DOP invece si utilizza esclusivamente il mosto d'uva invecchiato. Pensate che da 350 litri di mosto si arriva al primo litro di aceto balsamico dopo 12 anni.

Tradizione

Abbinamenti Balsamici

ingredienti

10 prugne
2 bicchieri di brandy
10 fettine di guanciale
5 foglioline di salvia
2 cucchiai di Aceto Balsamico di Modena IGP

Prugne ubriache. Questo è un piatto che io preparo spesso, mi piace molto farlo: le prugne ubriache in velo di "barbazza" all'aceto balsamico e salvia. La "barbazza" è il guanciale, tagliato fino fino, che ci servirà ad avvolgere le prugne per un finger food da leccarsi i baffi. Prendiamo le prugne che sono state nottetempo in ammollo nel brandy, le scoliamo e le avvolgiamo nelle fettine di guanciale. Poi prendiamo uno stecchino e gli buchiamo il pancino… zac! Infilziamo le prugne una a una per tenerle ferme nell'involucro e le mettiamo sul fuoco in padella antiaderente con qualche fogliolina di salvia. Quando il guanciale inizia a vetrificare annaffiamo con aceto balsamico, facciamo tirare un minuto a fiamma vivace e impiattiamo. Sono de-li-zio-se! Speciali, speciali, speciali!

ingredienti

250 g di fragole
vino bianco secco
2 cucchiai di zucchero semolato
Aceto Balsamico Tradizionale di Modena DOP invecchiato
4 foglie di menta

Fragole con balsamico. Un tripudio all'aceto balsamico con una ricetta cara a Ugo Tognazzi, che fu il primo a commistiarlo con le fragole in un film laido e corrotto del 1973: "La grande abbuffata". Nel '74 pubblicò "L'abbuffone. Storie da ridere e ricette da morire", una raccolta nella quale certificò questa ricetta.
Lui consigliava di lavare le fragole in una terrina con dentro il vino bianco e noi facciamo così. Togliamo i piccioli, tagliamo le fragole a fettine e le disponiamo su un piattino. Spolveriamo con una manciata di zucchero e poi versiamo qualche goccia di aceto balsamico invecchiato. Copriamo con un altro strato e aspettiamo che le fragole "sudino", che inizino a tirar fuori l'acquetta. A coronamento spiumiamo qualche bel ciuffetto di menta e il piatto è pronto.

Un enorme grazie a Marcone e alla grande Carlotta per i consigli di viaggio.

BENV

Toscana

Con Firenze è amore a prima vista,
ma che dire della bellezza dei suoi mercati?
Viva la Toscana.

Fiesole
Firenze
PISA
SIENA

cuoredolce
BEL FRUTTA
Royal

Firenze e i suoi Mercati

Ex capitale d'Italia, centro culturale importantissimo. Arte, monumenti, artigiani: quanto di più ci invidiano al mondo è concentrato in questa città. Ho girato i mercati, cuori pulsanti e vivi del commercio cittadino, facendo quel che faccio da sempre: scovare prodotti particolari, legati alla gastronomia fiorentina e alla Toscana intera. Questa è una delle poche grandi città che ha davvero tanto da raccontare attraverso i banchi. Innanzitutto il Mercato di San Lorenzo o Mercato Centrale: maestosa struttura, terminata nel 1874 che racchiude al suo interno un mercato alimentare ricchissimo e un'intera sezione dedicata a cucina e street food. All'esterno si possono fare acquisti di ogni genere, dalle ceramiche alla pelletteria. Io sono andato soprattutto per macellai: al banco di Marco ho preso il guanciolo di manzo per il peposo, da Guido un bel pezzo di trippa, da Rino un filetto di Cinta Senese. Altra tappa imperdibile è il Mercato di Sant'Ambrogio: inaugurato nel 1873 offre il meglio dalle campagne circostanti. Da Patrizia ho preso il cavolo nero, re delle verdure locali, e da Stefania i meravigliosi fagioli zolfini di Pratomagno.

Peposo

ingredienti

800 g di guancia di manzo
4 fette di lardo
1 carota
1/2 cipolla rossa
2 cuoricini di sedano
1 cipollotto
pepe in grani
2 bacche di ginepro
2 cucchiai di triplo concentrato di pomodoro
500 ml di Chianti
sale grosso
olio extravergine d'oliva

Per fare un buon peposo ci vuole una carne molto muscolosa perché ha una cottura lenta e inesorabile. E quale miglior taglio se non la guancia? Per una cottura ottimale bisogna pulirla per bene, ritagliare i nervi ed eliminare le parti esterne bianche più dure attaccate alla polpa, che la renderebbero "ciancicosa", dura da masticare; quindi tagliamo dei bei pezzettoni. Versiamo una dose generosa di olio in un tegame e ci mettiamo dentro la carota tagliata a pezzi, la cipolla affettata grossolanamente, i cuori di sedano interi e il cipollotto fresco diviso a metà. Intanto che il soffritto sfrigola sistemiamo le fette di lardo sopra l'intruglio; poi, senza aspettare oltre, lo spezzatino di guancia, che in questo modo assorbirà per bene tutti gli aromi freschi. Aggiungiamo anche qualche granello di pepe che comincerà a sprigionare il tipico aroma "peposo", le bacche di ginepro e il sale. Smuciniamo, uniamo il triplo concentrato di pomodoro, sfumiamo con un buon vino del Chianti e quando il pomodoro ha ben colorato la carne spegniamo la fiamma e rovesciamo l'intruglio in una teglia da forno. Irroriamo con dell'altro vino, fino a coprire la carne, la ubriachiamo per bene, e coroniamo con una dose generosa di pepe, scrupolosamente nero e scrupolosamente in grani. Peposo sia, nell'anima e nel cuore. Inforniamo per almeno due ore a 200 gradi. Giunti al fin de la bisogna, impiattiamo e facciamo un test. La carne è un burro. Viva Firenze e viva il peposo!

Trippa alla Fiorentina

ingredienti

800 g di trippa lessata (centopelli rumine e cuffia)
500 g di pomodori pelati
1 cucchiaio di triplo concentrato di pomodoro
1 carota, 2 coste di sedano, **1/2 cipolla**
Parmigiano Reggiano 30 mesi
brodo vegetale
vino bianco
sale, **burro**, **basilico**
olio extravergine di oliva

Per la nostra trippa alla fiorentina usiamo diversi pezzi di stomaco, che si distinguono per profumi e consistenze. Li laviamo per bene e li lasciamo scolare. Nel frattempo prepariamo un "tritazzo" grossolano con la carota, il sedano e la mezza cipolla rossa e lo facciamo sfrigolare in un tegame con una dose generosa di olio. Diamo una bella smucinata propiziatoria e quando l'intruglio si è ben imbibito di olio prendiamo la trippa, la tagliamo a striscioline e la facciamo cuocere nel tegame insieme al soffritto. Condiamo con una manciata di sale e una girata di pepe; poi alziamo la fiamma al massimo e smuciniamo di continuo per qualche minuto, perché dobbiamo fare in modo che la trippa rilasci tutta l'acqua della precottura e si asciughi, senza però attaccarsi al fondo del tegame. Quando l'intruglio sarà bello tirato sfumiamo con il vino bianco, aggiungiamo un mestolo di brodo e poi i pomodori pelati schiacciati con la forchetta. Aspettiamo qualche minuto che la trippa riprenda il bollore, poi abbassiamo la fiamma e lasciamo cuocere a fuoco dolce per un'ora; poi copriamo con un coperchio e lasciamo andare per un'altra mezz'ora. Quando la trippa è cotta aggiungiamo una noce di burro, impiattiamo e completiamo la preparazione con una foglia di basilico e una "doccetta" di parmigiano. Questa trippa alla fiorentina è un burro.

Losanghe con ragù di cinta Senese

ingredienti

PER LA PASTA

200 g di farina 2

100 g di farina integrale

50 g di semola rimacinata di grano duro

sale

olio extravergine d'oliva

PER IL RAGÙ

300 g di filetto di maiale di cinta senese

salvia, finocchietto selvatico, **rosmarino**

2 spicchi d'aglio

1 limone

1 fetta spessa di lardo

3 fette di guanciale di cinta senese

burro, **sale**, **vino bianco**

olio extravergine d'oliva

Con un bel filetto di maiale di cinta senese facciamo un intruglio per la pasta, un "raguttino" bianco a rapida cottura, perché abbiamo un taglio tenero e magro che non ha bisogno di cuocere per ore; i tempi prolungati lo rovinano, quindi meglio essere più rapidi possibile! Innanzitutto tagliamo il pezzo di carne a bocconcini che andremo a insaporire, smucinando, con sale grosso, pepe e un "tritazzo" di salvia, finocchietto selvatico, qualche spiumino di rosmarino e due belle becche d'aglio sbucciate e private del sederino. A questo intruglio aggiungo una grattatina di scorza di limone. In padella facciamo scaldare l'olio, una noce di burro, il lardo tagliato a dadini e il guanciale a listarelle; sfumiamo con il vino e uniamo la carne. Lasciamo cuocere e, intanto che questa base si amalgama, prepariamo la pasta. In una boule mescoliamo le farine e la semola con un filo d'olio, il sale e un po' d'acqua. Prima lavoriamo con il cucchiaio di legno, appena l'impasto si è rappreso lo trasferiamo su una spianatoia e lo lavoriamo con i palmi delle mani fino a ottenere un panetto morbido e liscio. Lo stendiamo con il mattarello avendo cura che abbia lo stesso spessore (non troppo sottile) dal centro alla periferia; quindi ritagliamo le losanghe e le facciamo cuocere in acqua bollente salata per almeno 6 minuti. Le scoliamo e le mantechiamo in padella con il ragù di cinta. Impiattiamo e assaggiamo: Mamma mia! È strepitosa, più la mastichi e più ti viene voglia di mangiarne. Buon appetito.

Caro vecchio lampredotto

È il re del cibo da strada fiorentino: il lampredotto è una delizia di cucina povera, a base del quarto stomaco del bovino, l'abomaso, cotto a lungo in un brodo saporito e servito in un fragrante panino, magari con la salsa verde. In via dei Macci, a Firenze, ne ho assaggiato uno da urlo da Sergio e Pierpaolo Pollini, tra i migliori lampredottai della città. Mi hanno spiegato i segreti di questa delizia, che ho provato a interpretare a modo mio. Che bontà spaziale.

Lampredotto alla mia Maniera

ingredienti

500 g di lampredotto precotto
1 fetta spessa di pane toscano
1 carota
1 cipolla rossa
1 costa di sedano
1 limone
5 foglie di menta
sale grosso
pepe
olio extravergine di oliva

Il lampredotto, una magnificenza fiorentina, come l'arte e la cultura. Come al solito personalizziamo la ricetta originale, ma rispettandola. Innanzitutto è necessario terminarne la cottura e fare in modo che si insaporisca per bene in un buon brodo, quindi lo mettiamo in una pentola, lo copriamo con l'acqua, aggiungiamo sedano, carota e cipolla e lo facciamo cuocere per almeno un'ora e mezza. Trascorso questo tempo lo scoliamo bene, gli diamo una strizzatina e lo lasciamo un po' raffreddare. Nel frattempo prendiamo una fettona di pane e la priviamo della crosta, la tagliamo a metà e ne facciamo due crostoni che faremo rosolare in padella con un goccio d'olio a fuoco vivace. Quando sono belli, fritti e dorati li immergiamo velocemente nel brodo dove è stato cotto il lampredotto, diamo una "scolata rapida" e li sistemiamo sul piatto. Li condiamo in superficie con un filo d'olio e un trito fino realizzato sminuzzando la scorza grattugiata di mezzo limone e le foglie di menta. A questo punto prendiamo il lampredotto, lo tagliuzziamo, lo condiamo con sale e pepe e lo adagiamo sopra i crostoni ancora caldi. Finiamo con un goccio d'olio e vediamo che succede... Solo a guardare questo piatto mi si squagliano le tonsille... celestiale.

Papero in umido alla Toscana

ingredienti

1 papero
500 g di pomodori pelati
50 g di lardo
3 cucchiai di triplo concentrato di pomodoro
sedano, 1 **carota**, **1 cipolla**
1/2 bicchiere di vino bianco
1 bicchiere di vino Chianti
pepe e **peperoncino**
sale, olio extravergine d'oliva

Prendiamo un piatto piano, sistemiamo il nostro papero tagliato a pezzettoni e gli diamo una sporcatina dal lato della polpa (non della pelle) con il pepe, il sale - scrupolosamente grosso - e un pizzichino di peperoncino sfranto, che dà sapore all'intruglio. Versiamo l'olio in un tegame e prepariamo un battuto: sfilettiamo una costa di sedano togliendo i filamenti, grattiamo via la scorza alla carota, mondiamo la cipolla, tagliamo tutto a pezzettoni e facciamo andare sul fuoco con una spolverata di sale, pepe e il lardo a cubotti. Intanto che tutto sfrigola, prendiamo il papero e lo sistemiamo dentro il tegame con la parte della pelle a contatto con il soffritto; aggiungiamo il concentrato di pomodoro, sfumiamo con un goccio di vino bianco versato ai lati del tegame e il Chianti sopra i pezzi di carne. Quando tutto l'alcol è evaporato giriamo il papero e, con fare suadente, lo copriamo con i pomodori pelati un po' "sfracagnati". Diamo un'abile smucinatina e lasciamo cuocere con il coperchio per almeno due ore. A questo punto prendiamo i pezzi più grossi, come il petto e i cosciotti, li mettiamo su un piatto, li disossiamo per bene e poi rituffiamo la carne nell'intruglio con il sugo. Mescoliamo, impiattiamo e non ci resta che fare un test: mamma mia, è uno "squaglio".

La cucina Contadina

Identificata erroneamente solo con piatti "carnivori" come la bistecca alla fiorentina, la gastronomia regionale è molto varia (le città hanno sviluppato cucine molto differenti tra loro anche per l'isolamento politico che storicamente le divideva) e ricca soprattutto di preparazioni di origine "povera" e contadina. Innanzitutto ricette di riciclo degli avanzi, veri e propri colpi di genio che hanno dato vita a bontà inestimabili. Prendete il caso del riuso del pane, alimento centrale in questa zona: da qui arrivano piatti come la panzanella, la pappa al pomodoro, la ribollita, l'acquacotta, la fettunta e varie altre zuppe, tutte a base di pane raffermo, abbinato alle verdure di stagione e al buon olio toscano, saporito e profumato. La pasta fresca - protagonisti sono i pici - ben si abbina a sughi semplici, come l'aglione (con pomodoro e aglio) o a sontuosi ragù delle feste. A questo proposito sul capitolo carni si apre un mondo, con la grande tradizione degli animali da cortile, la selvaggina, il prezioso maiale cinta senese e i bovini di razza maremmana e chianina. Una sorpresa continua.

Zuppe di tradizione

ingredienti

3 cespi di cavolo nero
2 fette spesse di pane toscano
2 spicchi d'aglio
peperoncino
brodo vegetale
1 limone, sale
olio extravergine d'oliva

Zuppetta di pane e cavolo nero. Per nobilitare il cavolo nero e il pane toscano faremo una bella commistione. Laviamo e spiumiamo i cavoli - cioè priviamo le foglie della costa interna coriacea - serbiamo le parti verdi e i cuori teneri e sminuzziamo "alla bruttazza". In un tegame facciamo rosolare un filo d'olio, l'aglio schiacciato e un nonnulla di peperoncino; poi tuffiamo il cavolo, lo facciamo stufacchiare con qualche mestolo di brodo e aggiustiamo di sale. Nel frattempo che va, tagliamo il pane a cubotti e lo facciamo soffriggere in padella con olio, peperoncino e scorzetta di limone grattugiata. Quando sarà bello dorato lo sistemiamo nel piatto da portata, prendiamo il cavolo e clo versiamo tutto sopra il pane. È strepitoso! Uno dei piatti più semplici e gustosi mai prodotti.

ingredienti

500 g di fagioli zolfini
3 gherigli di noce
brodo vegetale
vino bianco
sale
pepe in grani
olio extravergine di oliva

Zuppa di fagioli zolfini. Teniamo i fagioli in ammollo per circa 4 ore. In un tegame facciamo scaldare una dose generosa di olio con i gherigli di noce, aggiungiamo i fagioli scolati e li stecchiamo a fiamma vivace come se stessimo cuocendo un risotto; sfumiamo con il vino bianco - meno che un nonnulla! -, una manciata di sale grosso, due granellini di pepe nero in grani, una macinatina di pepe e qualche mestolo di brodo vegetale molto leggero. Lasciamo sobbolire lentamente per un paio d'ore aggiungendo brodo finché i fagioli sono cotti (ci vorranno un paio d'ore). Versiamo la zuppa nelle cocotte, ci mettiamo un nonnulla di olio a crudo e per sapere se questi zolfini sono davvero buoni facciamo un test: mmm... sono particolari, per niente farinosi...buonissimi! Viva i fagioli zolfini, viva la Toscana!

Il buon Pane Toscano

Al Mercato Centrale, al banco di Lory, ho comprato il miglior pane toscano, quello "sciocco", senza sale, ideale per accompagnare i sapori "tosti" della cucina locale. Nel 2016 questo prodotto tipico della regione (ma anche di alcune zone del Lazio, delle Marche e dell'Umbria) ha ottenuto il riconoscimento di DOP: la ricetta ufficiale prevede farina di grano tenero tipo 0, contenente il germe di grano, acqua e lievito naturale e, naturalmente, è priva di sale.

Patè di melanzane con Crostini

ingredienti

300 g di pane toscano
1 melanzana striata
50 g di burro
4 foglie di menta
peperoncino secco
vino bianco
brodo vegetale
pepe
sale grosso
olio extravergine di oliva

The best in the world: il pane toscano! Qui faremo una cosa in controtendenza: prepariamo una sorta di paté vegetale, molto aromatico e buono che esalterà il sapore del pane. Cominciamo facendo sciogliere dolcemente in padella una noce di burro insieme a un filo d'olio, due foglioline di menta fresca intere e qualche briciola di peperoncino sfranto. Mondiamo la melanzana lavata e asciugata, togliamo le estremità, la tagliamo a dadini e la facciamo andare sul fuoco. Aggiungiamo qualche granellino di sale grosso, un goccetto di olio sopra – senza lesinare, mi raccomando - diamo una saltatina e sfumiamo con un po' di vino. Quando l'alcol è evaporato mettiamo un mestolo di brodo, abbassiamo la fiamma, copriamo e facciamo cuocere per cinque minuti. Una volta trascorso il tempo necessario togliamo il coperchio e controlliamo lo stato di cottura delle melanzane: se sfrigolano e sono troppo asciutte aggiungiamo un altro mestolo di brodo, lasciamo tirare di nuovo e spegniamo quando l'intruglio è pronto. A questo punto lo versiamo dentro al bicchiere di un frullatore a immersione, mettiamo qualche altra fogliolina di menta (un paio, non troppe), una noce di burro e un giro d'olio a crudo, che daranno un sapore e un'aromaticità aggiunta; infine una macinatina di pepe e "sfrullacchiamo". Assaggiamo e se necessario aggiustiamo con quello che manca. Quando il nostro paté è pronto affettiamo il pane, lo bruschiamo in padella per fare dei crostini e ci spalmiamo per bene l'intruglio. Un bel matrimonio, un altro filo d'olio a crudo e migliorano ancora. Viva il pane sciapo.

Non posso non ringraziare la Fattoria di Maiano di Fiesole, per la squisita ospitalità, e Natale Seremia per la sua disponibilità.

A tutto tartufo il mio viaggio nelle Marche.
Che profumi e che formaggi!
Una regione dai mille volti.

Marche

Cartoceto
Monte Maggiore al Metauro
Barchi
ANCONA
Apecchio
Acqualagna
Cantiano

Acqualagna e i suoi Tartufi

È indiscutibilmente una delle patrie del tartufo italiano: per conoscere, assaggiare e "respirare" questo pregiato tubero, Acqualagna, paesino delle Marche in provincia di Pesaro Urbino, è tappa obbligata. Giorgio Remedia, abile tartufaio, mi ha accompagnato in un'area ricca di tartufo bianco, spiegandomi come si possa predisporre un ambiente dove cresca nel modo migliore, attraverso l'irrigazione, se necessaria, e l'impianto di determinati alberi. Con il suo cane abbiamo raccolto "in diretta" un bel tartufo bianco, che poi ho portato da Emanuela Bartolucci di Acqualagna Tartufi, che mi ha mostrato il modo più corretto per trattare i tartufi. Questa zona comunque è ricca di tesori, il segreto per apprezzarla a pieno è quello di non andare per le solite strade: dal Monte Pineta, proprio sopra al paese, si gode di un panorama incredibile, fino all'Umbria. Sul tracciato della Flaminia c'è la gola del Furlo: una riserva naturale meravigliosa tra acqua e montagne. Incredibile. Da qui si può arrivare al mare attraverso un percorso tracciato dagli antichi. Viva il Furlo, viva le Marche!

Uova, Patate e Tartufo

ingredienti

1 patata lessa
2 uova
qualche scaglia di tartufo bianco
burro
pepe
aceto
sale grosso

Sua maestà il tartufo bianco ha un profumo che inebria e trovo, arbitrariamente e presuntuosamente, che la nobilitazione di questa meraviglia avvenga insieme all'uovo, in una ricetta di una semplicità infinita. Prepareremo delle uova in camicia, ma con una marcia in più. Per fare una cosa carina iniziamo col prendere una patata lessa ancora tiepida, la sbucciamo e la affettiamo. Condiamo con un nonnulla di sale grosso, un po' di pepe, un cucchiaino di burro e poche scagliette di tartufo; il calore della patata farà sciogliere il burro e sarà un esaltatore per l'aroma del tartufo. Smuciniamo con un cucchiaio per ottenere una sorta di puré e lo sistemiamo a conchetta all'interno di due piccole terrine o tazze per il consommé. Poi, all'interno di un pentolino con i bordi alti, facciamo bollire dell'acqua, la saliamo, versiamo meno di un nonnulla di aceto e, quando bolle, ci rompiamo dentro le uova, una per volta; appena galleggiano e l'albume diventa bianco, le tiriamo su con una schiumarola e con molta delicatezza le sistemiamo all'interno delle terrine, sopra le patate lesse. Completiamo la preparazione mettendo sulle uova due granellini di sale grosso, un nonnulla di pepe e sua maestà il tartufo bianco, tutte le scaglie che volete! Con un cucchiaio faremo un test: inenarrabile...viva il tartufo bianco, viva le Marche.

Conservare il tartufo

Sono stato spesso diffidente nei confronti dei derivati del tartufo. Poi ho capito che se fatti seriamente possono essere un vero asso nella manica in cucina. Alla T&C di Acqualagna Livia mi ha mostrato tante bontà, dalla salsa al tartufo bianco alla mortadellina al tartufo nero, dal burro (che ho assaggiato con dei tagliolini) alle scaglie, sempre di tartufo nero, fino all'olio, al sale e al miele al tartufo: prodotti artigianali che hanno pure il pregio di avere un prezzo accessibile.

Tartufara

ingredienti

PER LA PASTA

100 g di farina 2

100 g di farina 1

50 g di farina integrale

acqua

sale grosso

olio extravergine di oliva

PER CONDIRE

1 piccolo tartufo nero

2 uova

1/2 cipolla rossa

burro

sale grosso

vino bianco

pepe

Una ricetta un po' fru fru, una sorta di carbonara al tartufo. Per cominciare puliamo la cipolla e la tagliuzziamo; in una padella facciamo andare una noce di burro e il sale grosso a fiamma media, quando il burro si è liquefatto aggiungiamo la cipollina, un nonnulla di pepe e facciamo ammalvire con un goccetto di vino bianco. Intanto che l'intruglio fa il suo giochetto prepariamo la pasta: mescoliamo le farine dentro una boule insieme a un goccio d'olio, un pizzico di sale e un po' d'acqua. Lavoriamo con il cucchiaio di legno e versiamo acqua fino a quando la farina ne assorbe e l'impasto si compatta. Lo versiamo sulla spianatoia infarinata e lavoriamo con le mani finché non otteniamo una pallotta; la prendiamo a "sganassoni" per richiamare l'umidità e far amalgamare meglio il tutto, poi la facciamo riposare coperta per qualche minuto. Nel frattempo in una terrina sbattiamo le uova con un po' di pepe e il sale; ci grattugiamo dentro una dose generosa di tartufo, mescoliamo e le teniamo da parte così che i loro aromi si uniscano per bene. Quindi riprendiamo l'impasto, lo stendiamo con il mattarello (più o meno sottile, sono scelte private), lo infariniamo per non farlo incollare, lo arrotoliamo su se stesso e tagliamo dei tagliolini che cuociamo in acqua bollente salata. Quando la pasta viene a galla la scoliamo e la tuffiamo in padella con la cipolla; risottiamo con un mestolino di acqua di cottura, spegniamo il fuoco, versiamo l'uovo, saltiamo e impiattiamo. Per finire scaglie di tartufo, come se piovesse. Arrapete quanto è buona.

Monte Pietralata
446
1.40
Spelonca
Bassa
350 m

Le bontà delle Marche

Una regione ricchissima questa: di biodiversità, di teatri naturali tanto differenti, dall'Appennino all'Adriatico, di tradizioni culinarie molto varie e di produzioni artigiane da far invidia. Nella zona che ho visitato nascono delizie come il Formaggio di Fossa e la Casciotta di Urbino DOP, che ho visto produrre al caseificio Valmetauro di Montemaggiore al Metauro. C'è poi una razza bovina pregiatissima, la vacca marchigiana, che pochi ancora allevano con tutti i crismi: l'ideale, per ottenere il meglio da questa carne autoctona, è una corretta frollatura, di almeno 40 giorni. Tra i vini, alla cantina Fiorini di Barchi ho scoperto una produzione particolarissima come il Bianchello del Metauro: un vino complesso, dalla fascia aromatica decisamente affascinante. E poi la birra tutta marchigiana: all'azienda Collesi di Apecchio Giuseppe mi ha mostrato il suo microbirrificio, con le fasi della lavorazione, dalla selezione del luppolo all'imbottigliamento. Quanti prodotti nuovi sono entrati nella mia cucina e nella mia vita. Ancora una volta, viva le Marche!

Le visciole di Cantiano

Ho visitato l'agro di Cantiano, una zona famosa per le visciole e per i cavalli, insieme a Ivan, dell'azienda agricola Morello Austera. Mi ha spiegato come, per motivi storici e culturali, spesso i prodotti commercializzati col nome di amarene siano in realtà visciole. Tra le due piante non ci sono differenze importanti, entrambi sono una varietà della ciliegia selvatica. Qui ho visto come le amarene vengono conservate in barattolo, in maniera del tutto naturale, senza aromi o coloranti. Dolci e acidule, perfette per accompagnare le mie ricette.

Cinghiale con le Visciole

ingredienti

400 g di cinghiale
20 g di lardo di prosciutto
6 mandorle pelate
3 cucchiai di farina
1 limone non trattato
vino bianco
1/2 bicchiere di sciroppo di visciole
4 visciole sciroppate
aceto
pepe e **peperoncino**
sale grosso
olio extravergine d'oliva

Quale migliore commistione se non quella che unisce la freschezza delle visciole all'aroma selvatico di un bel cinghialotto?. Cominciamo col prendere dei bei pezzi di carne che tagliamo a bocconcini; li mettiamo in una terrina e li infariniamo per bene. In un tegame prepariamo una riduzione facendo andare a fiamma media mezzo bicchiere di vino bianco, lo sciroppo di visciole, un cucchiaio di aceto, una grattatina di pepe, qualche granello di sale grosso e una scorzetta di limone non trattato. Nel frattempo, in una padella, con un fondo d'olio, facciamo imbiondire mezza cipolla affettata e le mandorle tritate al coltello in modo grossolano; dopo qualche minuto sfumiamo con il vino e aggiungiamo i pezzi di cinghiale infarinati. Facciamo rosolare per bene, mettiamo un po' di peperoncino, sfumiamo con altro vino e, appena l'alcol evapora, copriamo e facciamo cuocere per 10 minuti. Trascorso il tempo indicato, versiamo nella padella con la carne un po' di riduzione di vino e sciroppo di visciole, il lardo di prosciutto tagliato a listarelle e 4 visciole sciroppate. Non tocchiamo più niente, abbassiamo la fiamma, copriamo e lasciamo cuocere per 35 minuti. A questo punto impiattiamo e assaggiamo: un agrodolce delicious che invita la deglutizione più spensierata! Evviva le visciole di Cantiano!

Gateau di vacca Marchigiana

ingredienti

300 g di straccetti di vacca marchigiana
1 patata lessa
2 rametti di timo
vino bianco
sale grosso
pepe
olio extravergine di oliva

La marchigiana è una gran bestia, fa la sua "bovina" figura e, se frollata bene, ha una carne tenerissima. La aromatizziamo leggermente con una spiumatina di timo fresco e un pochino di pepe; in una padella mettiamo una giusta dose di olio e non appena diventa caldo ci rosoliamo dentro gli straccetti. La temperatura alta serve per bloccare subito i succhi della carne e fare in modo che non cacci fuori l'acqua; aggiungiamo un po' di sale, scrupolosamente grosso, tiriamo via la carne e, in padella, a fuoco spento, aggiungiamo un goccetto di vino. A parte sbucciamo una patata lessa, la schiacciamo con una forchetta all'interno di una terrina e la condiamo con un filo d'olio, un nonnulla di pepe, un pochino di sale e qualche piuma di timo. A questo punto mescoliamo insieme la carne con tutto il suo sughettino e diamo un'abile smucinata. Riprendiamo la padella in cui ci sono olio e vino, accendiamo il fuoco e facciamo scaldare a fiamma vivace. Compattiamo per bene patate e straccetti in padella e facciamo rosolare da entrambi i lati. Rovesciamo in un piatto con tutto il fondo di vino, olio e sugo di carne. Assaggiamo: semplicemente delizioso.

Che Stufati!

ingredienti

2 fette di culaccia
farina 2
1 fettina di cipolla rossa
1/2 bicchiere di Bianchello del Metauro Passito
100 ml di crema di latte
sale, pepe, burro, olio extravergine d'oliva

Culaccia nel Bianchello. Tagliamo in tre parti le fette di culaccia, le infariniamo e aggiungiamo qualche granellino di sale. In una padella facciamo scaldare un filo d'olio e una noce di burro, pepe macinato e una fettina sottile di cipolla; appena inizia a sfrigolare sistemiamo la carne la facciamo rosolare, prima da un lato, poi dall'altro. Aggiungiamo il Bianchello, in dose generosa. Rigiriamo la culaccia e, appena sentiamo che l'alcol è evaporato, versiamo la crema di latte, aggiustiamo di sale, smuciniamo e a fuoco ancora basso diamo un po' di acidità spremendo il succo di mezzo limone, che aiuterà la panna quasi a cagliare e ad avvolgere la carne. Spegniamo il fuoco, impiattiamo e assaggiamo.

ingredienti

500 g di sottofesa (o muscolo) di vitellone
500 ml di birra
1 fetta di zucca
grasso di prosciutto
1 fetta di cipolla rossa
1 limone, ginepro, pepe peperoncino
sale, burro, olio extravergine d'oliva

Spezzatino con la birra. Tagliamo a pezzettoni la carne e subito la condiamo con un po' di pepe, un nonnulla di peperoncino, due granelli di ginepro sfranti e mezzo bicchiere di birra. Nel frattempo che si insaporisce sbucciamo la fetta di zucca, la tagliamo a cubettoni e la facciamo andare in padella con l'olio, una noce di burro, una fetta di cipolla lasciata intera, due pezzetti di grasso del prosciutto e una scorzettina sottile di limone non trattato. Appena sfrigola, uniamo lo spezzatino, aggiustiamo di sale e pepe e poi versiamo il resto della birra, fino a coprire completamente la carne. Abbassiamo la fiamma, mettiamo il coperchio e facciamo cuocere per circa 50 minuti. Componiamo il piatto con lo spezzatino, il fondo di cottura e sentiamo che aria tira.

Le fosse dei formaggi

Nella zona di Cortoceto, Paolo Cesaretti, esperto di formaggi e responsabile di numerose produzioni di questa zona, mi ha accompagnato a conoscere la signora Loredana, che "custodisce" una fossa per formaggi, una meraviglia dell'ingegno umano nel quale vengono affinate le forme di formaggio (racchiuse in dei sacchi di cotone) per sviluppare una copertura di muffe nobili, che regalano dei prodtotti di una delicatezza incredibile e dalla stagionatura molto particolare, Una delizia da assaggiare ameno una volta nella vita.

Gnocchi con Pecorino di fossa

ingredienti

PER GLI GNOCCHI

1 patata lessa

farina 2

semola rimacinata di grano duro

1 uovo

pepe e **sale** grosso

PER CONDIRE

30 g di pecorino di fossa

200 g di zucca precotta in forno

1/2 cipolla rossa

vino bianco

sale grosso

burro e **olio** extravergine di oliva

Pecorino di fossa, una cosa strepitosa. Già quando si apre la grotta si sente un'esplosione di fascia aromatica. Lo nobiliteremo, molto semplicemente. Prendiamo la famigerata noce di burro, un nonnulla di olio e un pezzetto di cipolla che tagliuzziamo fina. Facciamo andare in padella l'intruglio che si deve ammalvire a fuoco medio, quindi aggiungiamo un po' di vino. Per gli gnocchi, in una boule schiacciamo con una forchetta la patata lessa fredda, l'uovo, un po' di sale, una macinata di pepe e aggiungiamo a poco a poco la farina e un cucchiaio di semola, che darà all'intruglio un po' più di consistenza. Aggiungiamo farina finché l'impasto diventa sodo e può essere manipolato su un piano infarinato; modelliamo dei lombriconi, tagliamo gli gnocchi grandi come meglio crediamo e li teniamo da parte. Prendiamo la zucca, eliminiamo la buccia, tagliamo la polpa a fettine e la uniamo alla cipolla in padella; condiamo con sale e pepe e, dopo qualche minuto, aggiungiamo un mestolo di acqua calda. Lasciamo cuocere per cinque minuti con il coperchio. Quando la zucca è pronta, versiamo l'intruglio in un piatto e mentre è caldo ci grattugiamo sopra un po' di pecorino, così lega. Caliamo gli gnocchi in acqua bollente salata, appena vengono a galla li scoliamo e li mescoliamo al fondo di zucca. Aggiungiamo un filo d'olio a crudo e per completare pecorino di fossa. Spaziale.

Timballo con casciotta di Urbino

ingredienti

PER LA SFOGLIA

2 cucchiai di farina 2

2 cucchiai di farina 1

1 cucchiaio di farina integrale, **1 cucchiaio** di semola rimacinata di grano duro

2 uova intere

PER IL CONDIMENTO

150 g di ciauscolo

200 g di casciotta di Urbino

100 ml di crema di latte

cipolla rossa

40 g di Parmigiano Reggiano 30 mesi

pepe, burro, olio extravergine d'oliva

In un pentolino con i bordi alti facciamo scaldare un goccio d'olio, una noce di burro, una fetta di cipolla e, per insaporire l'intruglio, mettiamo anche un po' di ciauscolo, privato del budello esterno e tagliuzzato a cubetti. Mentre tutto va a fuoco dolce, prepariamo la sfoglia. In una boule mescoliamo le uova, un pochino di sale grosso, un filo d'olio, le farine e la semola; lavoriamo con il cucchiaio finché l'impasto non si amalgama, dopodiché lo trasferiamo sulla spianatoia e lo manipoliamo con i palmi finché diventa liscio e morbido (aggiungendo farina 1 se necessario). Con il mattarello stendiamo la pasta non troppo sottile, la tagliamo a strisce larghe e la sbollentiamo in acqua salata per un paio di minuti. La scoliamo e la sistemiamo all'interno di uno stampo rettangolare precedentemente imburrato e cosparso con il parmigiano grattugiato. Sopra il primo strato di sfoglia versiamo un po' di intruglio con il ciauscolo e sistemiamo una fetta di casciotta spessa (circa 3-4 millimetri); copriamo con una striscia di pasta, versiamo altro ciauscolo con il brodino di cottura, copriamo con un'altra fetta di casciotta e dei fiocchi di burro. Infine, ultimo strato di pasta a coprire tutto, compattiamo e cospargiamo con burro a fiocchetti, crema di latte come se piovesse, parmigiano, pepe e un filo d'olio. Facciamo cuocere a 200 gradi per 35 minuti e vediamo cosa ci dice il test: strepitoso! Viva la casciotta, viva le Marche!

I sapori dell'Adriatico

Non solo montagne qui nelle Marche. Come posso trascurare una cucina ricca come quella dell'Adriatico? Innanzitutto mi sono lanciato nell'impresa del brodetto: qui paese che vai brodetto che trovi, io mi sono dedicato a quello di Fano, con l'aiuto di Daniele che, nella sua pescheria, mi ha dato le dritte per la spesa: seppia, palombo, coda di rospo, gallinella, scorfano, tracina, razza e canocchie. Pensate che a questa ricetta è dedicato addirittura una bellissimo festival, che si tiene ogni anno a fine estate.

Brodetto di Fano

ingredienti

PER IL FUMETTO

scarti di pesce
2 fette di limone
carota, cipolla, sedano

PER IL BRODETTO

2 seppie
2 pezzi di palombo
2 pezzi di rana pescatrice
2 pezzi di gallinella
2 pezzi di scorfano
2 pezzi di razza
4 canocchie
4 fette di pane
2 cucchiai di triplo concentrato di pomodoro
1/2 cipolla rossa
peperoncino, sale, pepe, aceto e olio extravergine d'oliva

Alla base di un buon brodetto c'è un buon fumetto, un fondo saporito che prepariamo facendo bollire a lungo parti di scarto del pesce (testa e lische di rana pescatrice, carapaci delle canocchie) insieme a carota, sedano, cipolla e due fette di limone. Lo teniamo da parte. In una padella versiamo un fondo d'olio, cipolla tagliata a rondelle e un po' di peperoncino; appena inizia a sfrigolare sfumiamo con il vino, uniamo il triplo concentrato di pomodoro e immediatamente un paio di mestoli di fumetto che faranno stemperare il pomodoro e le seppie. Lasciamo cuocere con il coperchio per 10 minuti, poi apriamo e aggiungiamo il palombo, alziamo la fiamma, mestolata di fumetto, copriamo per altri 5 minuti. Apriamo di nuovo e aggiungiamo la rana pescatrice; un altro mestolino di brodo, una manciatina di sale grosso e uniamo la gallinella, al centro, spostando alla periferia della padella i pezzi di pesce già cotti. Aggiungiamo un altro goccetto di fumetto e concludiamo con la razza, le canocchie, un giro di olio extravergine d'oliva, un nonnulla di pepe e un goccetto di aceto, perché senza quest'ultimo non è il brodetto di Fano. Rimettiamo il coperchio e facciamo cuocere a fiamma dolce per circa 20 minuti. Scoperchiamo, se è troppo liquido alziamo la fiamma e facciamo tirare un po'. Bruschiamo le fette di pane, le adagiamo ai bordi del piatto, sistemiamo i pezzi di pesce, rovesciamo il brodetto e completiamo con un giretto d'olio a crudo. Che delizia.

Devo dire grazie ad Angelo Conti e poi alla famiglia Melagrana, per l'ospitalità nella Gola del Furlo.

Umbria

La mia terra d'elezione ha sempre sorprese da riservare. Il paradiso del lago Trasimeno vi conquisterà.

Lago Trasimeno
Isola Polvese
PERUGIA
San Feliciano
TERNI

Il lago Trasimeno

Quando frequentavo l'università a Perugia venivo spesso qui con gli amici. Prendevamo il traghetto e andavamo all'Isola Polvese: un paradiso. Panino, birretta e chitarra, le giornate passavano cantando, suonando e stando insieme. Di questo costume ne fece una ragione di vita Sergio Piazzoli, istituendo concerti jazz nell'Isola Maggiore e insegnandoci a godere di questi luoghi. Comunque, quasi riduttivo chiamarlo lago, il Trasimeno è un microcosmo ricchissimo di biodiversità e pesca. Talmente importante quest'ultima che qui i pescatori sono riuniti in cooperative, proprio come al mare! Io sono andato in giro con la Cooperativa Pescatori del Trasimeno di San Feliciano di Magione. Andrea mi ha portato in barca a "stofare", cioè a catturare le anguille con una nassa conica che si chiama "tofo", e a pescare il persico reale con una rete da fondale chiamata "antanella". Questi pesci d'acqua dolce, insieme a tanti altri come gli agoni, le carpe, le tinche e i lucci, sono i protagonisti dei piatti tipici della zona: una gastronomia ricca e saporita, cui cercherò di rendere omaggio in queste pagine.

Calamarata con persico Reale e pomodorini

ingredienti

400 g di calamarata
300 g di filetti di persico reale
200 g di pomodorini
4 spicchi d'aglio
peperoncino aromatizzato
1 ciuffo di prezzemolo
sale grosso
vino bianco
olio extravergine di oliva

La calamarata, un tipo di pasta che prende il nome dal formato simile ad anelli di calamari, impiega parecchi minuti a cuocere, quindi la prima cosa da fare è portare l'acqua della pentola a bollore, versare il sale e buttare la calamarata. Smucinatina inevitabile. A questo punto, senza indugio alcuno, in una padella mettiamo una dose generosa di olio, tre becchette d'aglio in camicia private solo della parte inferiore, il nostro peperoncino aromatizzato – ne mettiamo un po' per fare una cosa da brivido – e intanto che il tutto rosola spacchiamo i pomodorini a metà e li sistemiamo in padella con la parte tagliata rivolta verso il basso, a contatto con il calore della fiamma. Da subito il fuoco deve essere vivace per fare un bel sughetto. Ricordate che questo pesce ha un sapore molto delicato e va insaporito un po', quindi condiamo con un'altra spolverata di peperoncino, aggiungiamo i filetti di persico sopra i pomodorini, condiamo con un giretto d'olio, di nuovo un cincinin di peperoncino e il sale grosso. Con qualche foglia di prezzemolo e uno spicchio d'aglio facciamo un battuto che più è fino e meglio è; ne mettiamo un po' subito nel sughetto e sfumiamo con un goccio di vino. Lasciamo cuocere per cinque minuti e appena la calamarata è pronta la scoliamo e la tuffiamo in padella con il pesce. Mantechiamo, versiamo il battuto di prezzemolo e aglio come se piovesse, impiattiamo e completiamo con un filo d'olio a crudo. A questo punto vedo assolutamente necessario il dovermi sacrificare per un test.

La tinca affumicata

Un prodotto strepitoso del Trasimeno. Le tinche, dopo esser state pulite ed eviscerate, vengono appese in una sorta di forno, dove avviene l'affumicatura con legno di faggio. Il processo dura quattro ore: il grasso cola e quando la tinca raggiunge i 70 gradi al cuore (così da ammazzare la carica batterica) è pronta, da mangiare così com'è o da cucinare. Ci si può preparare un bel sughetto per la pasta o se ne fa un paté, frullandola con olio e prezzemolo, da spalmare sui crostini. Speciale.

Rigatoni di Tinca Affumicata

ingredienti

350 g di rigatoni
1 tinca affumicata
80 ml di crema di latte
30 g di pecorino grattugiato
1 uovo
1 cipolla di Cannara
80 g di burro
olio extravergine di oliva
origano
pepe
vino bianco
sale grosso

La tinca affumicata è buonissima, ma ha il problema che si sfalda con un nonnulla, quindi per pulirla e sfilettarla bisogna essere molto delicati. Fase uno: in una cocotte, con pazienza, sistemiamo i tranci di pesce stando attenti a palpare bene la carne per non lasciare spine fastidiose. Fase due: in una pentola facciamo scaldare l'acqua per la pasta e in una padella sciogliamo una dose ottimale di burro con un giro d'olio; mondiamo una bella cipollina, le diamo una tagliuzzatina e la facciamo cuocere in olio e burro con pepe e pochissimo origano. Sminuzziamo la polpa della tinca e la idratiamo con un paio di mestoli dell'acqua bollente in cui butteremo la pasta; poi la condiamo con qualche granello di sale grosso e una macinata di pepe. Per far ammorbidire la cipolla - che non deve rosolare - aggiungiamo una dose abbondante di vino e, siccome avrà bisogno di dieci minuti per cuocere, nel frattempo versiamo i rigatoni nella pentola con l'acqua salata. In una terrina a parte facciamo un azzardo: mescoliamo un goccio di crema di latte e una manciata di pecorino; alziamo la fiamma alla cipolla in padella e le diamo una botta di vaporizzazione, poi togliamo dal fuoco e la mischiamo alla crema di latte, aggiungendo la polpa della tinca. Quando la pasta è al dente la scoliamo, la versiamo in padella insieme al condimento e la facciamo andare per un paio di minuti sul fuoco, il tempo che il rilascio degli amidi faccia legare il tutto. A questo punto versiamo il contenuto in una terrina e facciamo una cosa da screanzati: rompiamo un uovo sulla pasta e smuciniamo. Insaporiamo con un nonnulla di pecorino, come se piovesse, e facciamo il test della buona creanza.

Delizie di Lago

ingredienti

500 g di agoni
3 cucchiai colmi di farina
sale
pepe
olio di semi di arachidi per friggere

Agoni fritti. Laviamo gli agoni, che devono essere freschissimi. Li asciughiamo, condiamo con pepe e sale, aggiungiamo la farina e agitiamo bene per farla attaccare ovunque. In una padella facciamo scaldare l'olio e friggiamo gli agoni, pochi per volta, altrimenti la temperatura si abbassa e viene un bolliticcio. Cuoceranno in un attimo: l'olio bollente deve dargli una botta e irrigidirli. Saranno pronti quando la frittura perde intensità perché non viene più rilasciata acqua dall'interno delle fibre; quello è il momento di fermarsi, scolare gli agoni, versarli sulla carta assorbente e condire con un po' di sale grosso. Si dice che fritto è buono tutto, anche le suole delle scarpe... ma i pescetti... mmm!

ingredienti

500 g di agoni fritti
pangrattato
50 g di Parmigiano Reggiano 36 mesi
2 cucchiai di pecorino
pepe e **sale**
olio extravergine di oliva

Agoni al gratin. Ungiamo il fondo di una pirofila con l'olio e diamo una spolverata di pangrattato, poi parmigiano, un nonnulla di pecorino, un pochino di pepe e sale. Con pazienza prepariamo il nostro bel tortino disponendo gli agoni fritti tutti in fila come i soldatini... io non ho molta pazienza e li metto alla come mi pare a me. Diamo un'incalcatina per rendere la base più stabile e aggiustiamo di sale e pepe. Poi finiamo il tortino condendo al rovescio: spolveriamo prima la superficie con il pecorino, poi con il parmigiano e alla fine con il pangrattato dall'alto, come se piovesse. Inforniamo a 250 gradi per dieci minuti. Quando lo sformatino è perfettamente gratinato lo tiriamo fuori dal forno. Che profumo... è speciale, una poesia. In un quarto d'ora s'è fatto un capolavoro.

Re zafferano

In Umbria lo zafferano si coltiva da sempre: le zone di elezione sono gli altipiani, è sempre un'esperienza visitare un campo, perchè i fiori del "crocus sativus" sono bellissimi, di un viola intenso. Tanto belli quanto delicati, vanno raccolti rigorosamente a mano. Il mio amico Giampaolo si è creato da solo un attrezzo geniale, una sorta di sedia su 4 ruote (ex go-kart!), che allevia la fatica della schiena per la raccolta. Bisogna essere attentissimi a non rovinare bulbi e pistilli: ogni pianta può regalare anche 10 fiori, a patto però che si faccia la rotazione annuale del terreno.

Spaghetti zafferano e Fiori

ingredienti

350 g di spaghetti
20 fiori di zucca
pistilli di zafferano
1/2 di cipolla di Cannara
100 ml di crema di latte
30 g di Parmigiano Reggiano
burro
olio extravergine di oliva
2 fiori di zafferano per guarnire

Mettiamo a bollire l'acqua per la pasta e prepariamo una ricettina che sposa la delicatezza dello zafferano ai fiori di zucca. Li puliamo privandoli delle escrescenze laterali, del gambo e del pistillo che non ci piace perché è duro e amarotto; lasciamo quindi solo i petali. A questo punto ci prepariamo un fondo delicatissimo: tritiamo un quarto di cipolla di Cannara e lo mettiamo in padella con una noce di burro e un filino di olio… dosi minimali, diciamo. Mentre il burro si squaglia, sminuzziamo i fiori di zucca, li mettiamo in padella e aggiungiamo un goccetto di acqua di cottura della pasta. Lasciamo cuocere un pochino, abbassiamo la fiamma e nel frattempo buttiamo la pasta. Dopo qualche minuto, quando l'intruglio in padella è quasi cotto, aggiungiamo un giro di crema di latte, poca ma necessaria perché aiuta a legare. A questo punto il re, lo zafferano. Mettiamo i pistilli in un barattolino, aggiungiamo mezzo mestolo di acqua di cottura, chiudiamo, agitiamo e lui è pronto. Scoliamo gli spaghetti al dente e li mantechiamo insieme ai fiori di zucca in padella. Aggiungiamo lo zafferano (acqua e pistilli), mescoliamo bene e impiattiamo. Parmigiano Reggiano grattugiato e guarniamo con due crochi. Che cosetta fru fru… il retrogusto di zafferano è incredibile…

Lazio

Ci sono nato,
ma la magnificenza delle vestigia antiche
di Roma non smette di farmi innamorare.
Con la sua campagna e i suoi laghi,
un mondo incantato.

VITERBO
RIETI
Trevignano Romano
Lago di Bracciano
Manziana
Anguillara Sabazia
Roma
LATINA

Le meraviglie dell' Appia antica

Roma non smette mai di riservarmi sorprese. Se non siete mai stati nel Parco Regionale dell'Appia Antica fatelo e di corsa. Dire "parco" sembra quasi riduttivo, questo è una distesa sterminata di campagna e antiche vestigia che percorre più quartieri (e ingloba più parchi) dal centro alla parte sud della Capitale, fino ad arrivare molto oltre i confini cittadini. Nella valle della Caffarella, ad esempio, si perde la percezione della grande città per sentirsi in un luogo incontaminato senza tempo. Oltre a numerose erbe spontanee c'è un meraviglioso orto gestito da Campagna Amica, dove ho trovato insalate, cicorie e la catalogna, il "cicorione" con cui i romani preparano le classiche puntarelle. Nei giorni passati sull'Appia Antica ho incontrato vari allevamenti: un bel gregge di pecore comisane, capre girgentane, che producono un meraviglioso latte, un gruppo di bovini jersey, che fanno un latte grassissimo. Vi stupite? Anche questa è Roma.

Puntarelle a modo Mio

ingredienti

2 cespi di catalogna
2 carciofi
3 limoni non trattati
1 mela verde
150 g di ricotta
1 spicchio d'aglio
sale grosso
pepe
olio extravergine di oliva

Tutti – o quasi – a Roma sanno che cos'è la catalogna: cespi di cicoria dai quali si ottengono le fantastiche puntarelle, e sempre molti – se non tutti – sanno come vengono condite. Noi le facciamo alla come ce pare a noi, con i carciofi. Iniziamo col pulirli: li priviamo delle foglie esterne e li lasciamo in acqua acidulata con limone in modo che non anneriscano; poi passiamo ai cespi di catalogna: togliamo le foglie esterne più dure, li spacchiamo a metà e li "cimettiamo", ossia iniziamo a staccare le varie cime singole di cui si compone il cespo. Sciacquiamo per bene e a questo punto per procedere abbiamo due sistemi: affettare le puntarelle per lungo - così rimangono più integre - o per largo, più da insalata... noi le tagliamo da insalata e le mettiamo nella terrina. Per evitare che si rovinino diamo giusto una "premutina" di succo di limone così rimangono belle vivaci. Prendiamo la mela, la sbucciamo, la tagliamo in orizzontale per ottenere delle rondelle spesse, le priviamo del torsolo, le sfreghiamo con mezzo limone per non farle ossidare e, a questo punto, le tagliamo a tocchetti dentro all'insalata di puntarelle. Ci mettiamo anche i carciofi scolati, privati della peluria interna e affettati sottilmente. Puliamo una becchetta d'aglio e la sfreghiamo sui bordi della terrina per dare solo il profumo all'insalata, poi la condiamo con sale grosso, un goccino di succo di limone e smuciniamo subito. Alla bruttazza sminuzziamo dentro anche la ricotta (deve essere ben asciutta, andrà bene quella del giorno prima), condiamo con due giri di pepe, olio e passiamo al test: mmm... c'è l'amaretto della catalogna, il dolcetto-aspro della mela, il particolare del carciofo e la ricotta... è proprio buona!

Fresche insalate

ingredienti

1 cespo di indivia
2 spicchi d'aglio
2 peperoncini
4 pomodorini
2 uova sode
2 cucchiaini di aceto balsamico
sale, olio extravergine d'oliva

Insalata di uova e indivia. Laviamo bene l'indivia, tagliamo il gambo a metà e poi la affettiamo grossolanamente. Togliamo il sederino a due becchette d'aglio, lo incidiamo e lasciamo la camicia; facciamo la stessa cosa con il peperoncino, che incidiamo solo nella punta; facciamo soffriggere in padella, aggiungiamo l'indivia e la facciamo ammalvire leggermente con i pomodorini spaccati a metà per un paio di minuti a fuoco medio. Nel frattempo tagliamo in due le uova, versiamo qualche goccia di aceto balsamico sui tuorli, due granellini di sale grosso, una rondella di peperoncino e le sistemiamo a raggiera in un piatto. Spadelliamo l'indivia, la mettiamo al centro, aggiustiamo di sale e procediamo con un test. "Una bella insalata ragazzi… buon appetito!".

ingredienti

1 lattuga iceberg
2 filetti di aringhe
250 g di mozzarella
2 limoni non trattati
1 peperoncino
1 spicchio d'aglio
sale grosso
olio extravergine di oliva

Insalata di iceberg e aringhe. Prepariamo un'insalatina ricca, variegata e divertente, che mano a mano che uno la mangia si trova in bocca un sacco di cosette. Tagliamo a striscioline i filetti di aringa e li mettiamo a mollo nel succo di limone per qualche minuto. Facciamo un battuto fino con l'aglio e il peperoncino; scoliamo l'aringa, la tamponiamo con un foglio di carta assorbente, la sminuzziamo e la mescoliamo in una boule con la mozzarella a cubetti e un goccio d'olio. Spacchiamo a metà la lattuga sciacquata per bene e asciugata, la tagliuzziamo, la versiamo nella boule, aggiungiamo il trito di aglio e peperoncino, smuciniamo e impiattiamo. Buon contorno, buon antipasto, buon appetito!".

Carciofi crudotti

ingredienti

4 carciofi Apollo
2 uova sode
6 filetti di acciughe sott'olio
1 limone non trattato
1 spicchio d'aglio
1 peperoncino rosso
1 peperoncino giallo
10 foglioline di maggiorana
vino bianco
olio extravergine di oliva

Per cominciare puliamo i carciofi eliminando gli strati di foglie esterne che sono le più coriacee; lasciamo qualche centimetro di gambo, lo puliamo bene con uno spelucchino e poi tagliamo tutti i carciofi in quattro (quelli della varietà Apollo non hanno la peluria interna, altrimenti toglietela). Li lasciamo in acqua acidulata con succo di limone per evitare che anneriscano. Dopo qualche minuto li scoliamo (tenendo da parte un mestolo di acqua che ci servirà dopo), li asciughiamo per bene e tagliamo ogni quarto di carciofo a metà. In una padella facciamo scaldare poco olio insieme all'aglio privato del sederino e due bei peperoncini di colori e fasce aromatiche diverse (uno lo lasciamo intero, l'altro lo priviamo della testa); quando l'olio inizia a sfrigolare aggiungiamo i carciofi e un pizzico di sale grosso. Facciamo sfumare una 'nticchietta di vino bianco, spiumiamo dentro le foglioline di maggiorana fresca (tenendone in serbo qualcuna) e aggiungiamo qualche cucchiaio di acqua acidulata che abbiamo tenuto da parte. Mentre i carciofi vanno in padella per pochissimi minuti, tagliamo le uova sode a metà, le adagiamo su un piatto da portata e su ciascuna di esse sistemiamo un'acciuga arrotolata (come se fosse un ricciolino) e una fogliolina di maggiorana. A questo punto spegniamo il fuoco – "crudotto" significa "non cotto", quindi bastano pochissimi minuti in padella – e via... versiamo i carciofi nel piatto insieme alle uova. A chiudere: due acciughine e qualche fettina di limone per guarnire.

Merluzzo o Baccalà?

ingredienti

800 g di filetti di merluzzo
1 peperoncino
10 **pomodorini**
6 foglie di lattuga
maionese
sale e olio extravergine d'oliva

Merluzzo alla romana. In una pentola facciamo bollire l'acqua e versiamo i filetti di merluzzo facendoli cuocere per qualche minuto con 2 pomodorini e il peperoncino intero per dare un tocco profumato. Nel frattempo sistemiamo su un piatto da portata qualche pomodorino tagliato a metà e delle foglie di lattuga guarnite con la maionese. Quando il pesce è cotto lo scoliamo su carta assorbente per eliminare i liquidi in eccesso, lo adagiamo sulle foglie di lattuga e maionese, condiamo con qualche granellino di sale, un filo d'olio a crudo e buon appetito.

ingredienti

1 kg di filetti di merluzzo fresco
300 g di farina 0
2 bicchieri di birra fredda
sale
olio extravergine d'oliva

Filetti fritti. Nella tradizione romana il filetto di baccalà è un classico, una leccornia. Questa volta non usiamo il baccalà, ma il merluzzo fresco. Prepariamo la pastella versando la farina in una terrina e poi la birra fredda, poca alla volta per ottenere un impastino denso dentro al quale tuffiamo i filetti di merluzzo lavati, asciugati e tagliati a tocchetti. Li lasciamo per qualche secondo e aspettiamo che si imbibiscano per bene. Nel frattempo, in una pentola con i bordi alti facciamo scaldare l'olio; quando è pronto tuffiamo il merluzzo e friggiamo pochi pezzi per volta per non fare abbassare troppo la temperatura. Scoliamo quando la pastella è ben dorata, aggiustiamo con qualche granellino di sale e impiattiamo.

Mercati di Roma

La città eterna ha una serie di mercati rionali, vivi e fornitissimi, vera anima dei quartieri a volte, come lo storico mercato di Testaccio o quello centralissimo di Campo de' Fiori. Stavolta il mio giro però mi ha portato in una bella rete di mercati contadini organizzati da Campagna Amica, che ha avuto il merito di riavvicinare agricoltori e produttori alla città, per far ritrovare ai romani il rapporto con la propria meravigliosa campagna. Il più noto è sicuramente quello di San Teodoro: appena riaperto dopo un periodo di chiusura per questioni burocratiche, è un vero florilegio di contadini, allevatori, casari e norcini del Lazio, a due passi dal Circo Massimo. Qui ho conosciuto Umberto, che alleva il Nero Reatino, Antonello e i suoi carciofi cimaroli, di origine sarda, teneri e delicati; ho comprato un bel merluzzone da Amedeo, che ha un banco di pesce con tutto il meglio del mare di Terracina, tra il Circeo e Gaeta, mentre da Roberto ho scovato delle meravigliose varietà di zucche, la mantovana, la piacentina, la francese, la hokkaido: che paradiso questo mercato!

Zucca con fonduta di formaggi

ingredienti

1 kg di zucca
80 g di taleggio
150 g di asiago fresco
60 g di gorgonzola dolce
40 g di burro
olio extravergine di oliva

Tagliamo la zucca a grandi fette e la facciamo cuocere in un tegame con acqua bollente un po' salata, finché vediamo che la polpa inizia a staccarsi dalla buccia. A quel punto è cotta; la scoliamo e con delicatezza certosina la puliamo dalla buccia. Procediamo preparando una crema di formaggi: facciamo sciogliere a fiamma dolce il burro in un tegame con il fondo antiaderente e ce li mettiamo dentro tutti tagliati a tocchetti: il taleggio, l'asiago e il gorgonzola dolce; smuciniamo e aspettiamo che si sciolgano. Nel frattempo sminuzziamo un po' di polpa di zucca sul fondo di un piatto come se fosse una purea, sistemiamo il resto nello stesso piatto, ma lasciandola a pezzettoni grossi. Aggiustiamo di sale e pepe e poi con fare molto suadente, dopo aver smucinato per benino, versiamo sulla polpa di zucca la fonduta di formaggi molto calda e ben sciolta. Il piatto va portato immediatamente sulla mensa e facciamo il nostro figurone.

Il nero reatino

Un fantastico maiale vive vicino a Roma: del ceppo genetico apulo calabrese, il suino nero da 150 anni abita stabilmente sui Monti Reatini. Questa meravigliosa razza è allevata allo stato brado da Umberto Magri, dell'azienda agricola Collemaggiore di Greccio. Umberto ha salvato la specie dall'estinzione, perché soppiantata, come in altri luoghi d'Italia, dai maiali bianchi a crescita veloce preferiti dall'industria alimentare. Queste tipologie rustiche producono una carne strepitosa e un lardo perfetto, quello che una volta era considerato l'oro bianco dei poveri.

Spezzatino alla Piccantina

ingredienti

500 g di spuntature di maiale
2 spicchi d'aglio
3 peperoncini rossi
1 peperoncino giallo
3 pomodori
2 cucchiai di uvetta
1 cucchiaio di doppio concentrato di pomodoro
vino rosso
olio extravergine di oliva

Si comincia togliendo il sederino a due becche d'aglio e facendole andare in padella con una dose generosa di olio. Sminuzziamo i peperoncini rompendo anche i semi per dare all'intruglio una piccantezza superiore; se non usate i guanti ricordatevi di non toccarvi occhi, bocca, naso, perché l'effetto potrebbe essere catastrofico! Quando aglio e peperoncini sfrigolano nell'olio uniamo i pezzettini di spuntature a rosolare e, con fare suadente, dopo che si sono dorate da un lato, le giriamo dall'altro avendo cura di non far bruciare l'aglio (dopo qualche minuto lo togliamo). Intanto che vanno prepariamo una dadolata di pomodori (si può anche usare la polpa già pronta a cubetti) e, prima di mescolarla alla carne, aggiungiamo in padella l'uvetta, che abbiamo precedentemente messo a bagno nel vino rosso per farla rinvenire un po'. Sfumiamo con il vino e aggiungiamo il concentrato. Poi giù col pomodoro, sale come se piovesse e smucinatina propiziatoria. Copriamo, abbassiamo la fiamma e lasciamo cuocere per almeno dieci minuti. Quando le spuntature piccantine sono cotte e ben rosolate impiattiamo e le irroriamo con un po' di fondo. Il piccante arriva dopo, ma "ammazza" se è piccante.

Braciolette di Abbacchio

ingredienti

800 g di braciole di abbacchio
150 di lardo
2 spicchi d'aglio
2 foglie di salvia
4 bacche di ginepro
1 ramo di rosmarino
vino bianco
sale grosso
pepe
olio extravergine di oliva

Faremo le braciolette alla maniera di nonna Flora, la madre di mia madre, che era molto brava a gestire la cucina e preparava un agnello strepitoso con un sistema molto semplice ma di grande effetto. Per prima cosa mettiamo l'abbacchio in una terrina, lo irroriamo con del vino bianco e lo lasciamo marinare. Intanto prepariamo la base per la padella: olio come se piovesse, un paio di becche d'aglio private del sederino e sminuzzato "alla bruttazza" con tutta la camicia, le foglioline di salvia spezzate a mano e le bacche di ginepro. Con il lardo privato della cotenna facciamo un battuto e lo cospargiamo sopra un lato delle braciolette che, nel frattempo, abbiamo scolato dal vino senza asciugarle. Sistemiamo i pezzi di carne in padella dal lato del lardo, le cospargiamo con un po' di sale grosso, pepe, rosmarino e le facciamo rosolare a fiamma alta. Le giriamo, il lardo che nel frattempo si squaglia dà all'intruglio un profumo strepitoso. Per far stufare bene l'agnello versiamo una dose generosa di vino bianco, smuciniamo, abbassiamo la fiamma, mettiamo il coperchio e lasciamo andare per una mezz'ora. Quando la carne è cotta impiattiamo e ci sacrifichiamo facendo un test.

Il lago di Bracciano

Che magnificenza! Questo lago di origine vulcanica è al centro di un paesaggio eccezionale: colline, boschi, una campagna bellissima e tre cittadine che godono di un microclima fantastico, come Anguillara Sabazia, Trevignano Romano e Bracciano. Non solo panorami, perché qui, oltre al buon pesce di lago, ho scovato dei prodotti davvero particolari. All'azienda agricola Acquaranda di Trevignano Massimo produce dei formaggi meravigliosi con il latte delle sue pecore, bellissimi animali di razza comisana dalla testa rossa. Tra le tipicità di queste zone il caciofiore, un antico prodotto fatto con latte ovino, appunto, e caglio vegetale ottenuto dai cardi selvatici. Che bontà, come pure i broccoletti: pare che ad Anguillara il broccoletto venga meglio che altrove, grazie ai terreni vulcanici. Io ho visto le coltivazioni di Armenio, dell'azienda Orti di Anguillara: il profumo, mentre avviene la raccolta, è incredibile, hanno un tocco sulfureo e un sapore incredibilmente delicato. In azienda poi Simona si occupa di mettere in conserva i broccoletti in varie versioni gustose: con peperoncino e aglio, con cipolla e zucca, con le alici, così si possono mangiare tutto l'anno.

Cannelloni con caciofiore di Acquaranda

ingredienti

PER LA PASTA

50 g di farina di segale

50 g di farina integrale

100 g di semola rimacinata di grano duro

2 uova, sale

PER CONDIRE

100 g di caciofiore

1 carota

1 costa di sedano

1/2 cipolla rossa

3 pomodori pelati

maggiorana

50 ml di crema di latte

vino bianco

burro, sale, pepe

olio extravergine di oliva

Nobilitiamo il caciofiore, questo formaggio romano di origini antiche fatto con il caglio di cardo, preparando dei "cannelloni lasagnati". Iniziamo dall'impasto: mescoliamo le farine e la semola con le uova e il sale, e lavoriamo sulla spianatoia fino a ottenere un bel panetto omogeneo che facciamo riposare per qualche minuto. Nel frattempo prepariamo il sugo con una base di un soffritto classico, ma senza carne: grattiamo via la scorzetta delle carote, sfiliamo per benino il sedano, mondiamo la cipolla rossa e diamo una sminuzzatina al tutto. Versiamo l'olio in padella, una noce di burro e il battuto. Dopo qualche minuto sfumiamo con il vino bianco e dopo che l'alcol è evaporato aggiungiamo i pomodori pelati. Copriamo e, mentre cuoce a fiamma dolce, prendiamo l'impasto e lo stendiamo con il mattarello fino a ottenere una sfoglia sottile. Ritagliamo dei quadrati della dimensione del fondo di una piccola pirofila e li sbollentiamo per 30 secondi in acqua bollente salata; li scoliamo e con uno di essi copriamo la base della pirofila unta di burro. In un piatto smuciniamo il caciofiore tagliato a dadini con la maggiorana e un mestolo di sugo; se necessario aggiustiamo di sale e pepe. Con questo ripieno farciamo gli altri quadrati di pasta (tranne uno), li arrotoliamo per fare i cannelloni e li sistemiamo in fila nella pirofila. Al sugo di pomodoro rimasto aggiungiamo un tantinello di crema di latte e versiamo una parte del losco intruglio sui cannelloni per riempire gli interstizi. Copriamo con il quadrato di sfoglia che avevamo tenuto da parte, due noci di burro, il resto dell'intruglio di pomodoro e crema di latte e inforniamo a 180 gradi per i primi dieci minuti, poi altri venti a 160 gradi.

Il pane di Manziana

Al Panificio Baldassari di Manziana c'è il mio amico Domenico che produce un pane strepitoso, partendo da farine vive, preservate in tutta la loro integrità grazie a un piccolo molino a pietra naturale. Setacciata a mano e privata solo della crusca, tutte le altre componenti aromatiche e nutrizionali restano e vanno a finire dritte dritte nel pane. Vari i tipi che ho assaggiato, ottenuti con lievito madre **e lievitazioni lente, dal profumo** incredibile e dalla crosta croccantissima.

Pappa al Pomodoro

ingredienti

500 g di pane raffermo
4 grossi pomodori pelati
2 cucchiaini di doppio concentrato di pomodoro
3 spicchi d'aglio
brodo vegetale
finocchietto, timo, maggiorana
peperoncino
sale grosso
olio extravergine di oliva

Quella della pappa al pomodoro è una ricetta semplicissima che nobilita il pane raffermo in maniera esemplare perché l'intruglio che ne scappa fuori è davvero strepitoso. Cominciamo la preparazione facendo sfrigolare in un tegame con l'olio gli spicchi d'aglio in camicia, privati del sederino e schiacciati, con una manciata di peperoncino sfranto. Dopo qualche minuto togliamo l'aglio e aggiungiamo i pomodori schiacciati. Intanto che il sugo si cuoce, tagliamo il pane a fette, lo bruschiamo e poi lo rompiamo a pezzettini. Quando il sughetto bolle, aggiungiamo un pochino di sale scrupolosamente grosso, buttiamo dentro il pane e diamo una grande smucinata a fuoco molto alto, per far steccare il pane come fosse un risotto, finché tutti i succhi del pomodoro non sono ben assorbiti. A questo punto iniziamo ad aggiungere qualche mestolo di brodo vegetale al quale avremo aggiunto, a fine cottura, della maggiorana, un rametto di timo e finocchietto. Versiamo anche il doppio concentrato e lasciamo cuocere a fiamma dolce per circa sette minuti. Trascorso il tempo indicato scoperchiamo e controlliamo che la pappa sia bella densa e tirata. Impiattiamo e assaggiamo. È lei. Semplicemente buona. Se non vi piacciono le erbe aromatiche potete mettere anche solo qualche foglia di basilico a crudo.

Maltagliati ai Broccoletti

ingredienti

PER LA PASTA

100 g di farina 2

50 g di farina di segale

50 g di farina integrale

50 g di semola rimacinata di grano duro

1 cucchiaio di crema di broccoletti

1/2 mestolo di brodo vegetale

acqua, sale, olio extravergine di oliva

PER CONDIRE

1 mazzo di broccoletti

2 spicchi d'aglio

1 peperoncino

crema di broccoletti

brodo vegetale

vino bianco

sale grosso, olio extravergine di oliva

Con i broccoletti di Anguillara facciamo una cosina un sacco yeah! Li puliamo tenendo le cime interne più tenere e dolci, tagliamo i gambetti in quattro, sciacquiamo per bene e diamo una tagliuzzata grossolana. Olio in padella - una dose generosa - con uno spicchio d'aglio in camicia schiacciato e una punta di peperoncino e, senza farli soffriggere, mettiamo subito i broccoletti, una manciatina di sale grosso e lasciamo stufare con il coperchio. In una boule capiente prepariamo l'impasto dei maltagliati mescolando un cucchiaio di crema di broccoletti con mezzo mestolo di brodo vegetale, un nonnulla di acqua, un goccino di olio e una manciatina di sale; poi versiamo le farine e la semola, amalgamiamo e aggiungiamo acqua finché la farina la assorbe. Maneggiamo l'impasto sulla spianatoia per ottenere un panetto morbido e omogeneo che facciamo riposare coperto per qualche minuto. Controlliamo i broccoletti, li sfumiamo con un nonnulla di vino bianco e appena un mestolo di brodo vegetale; lasciamo stufacchiare un altro po', togliamo l'aglio e scoperchiamo. Riprendiamo l'impasto, lo stiriamo non troppo fine al mattarello e tagliamo delle losanghe che facciamo cuocere in una pentola con acqua bollente salata. Nel frattempo mescoliamo in una cocotte un cucchiaio di crema di broccoletti con del peperoncino sfranto e un filo d'olio. Quando i maltagliati sono cotti li scoliamo e li mantechiamo in padella con i broccoletti e un mestolo di acqua di cottura; impiattiamo in forma variamente coreografica - nel senso che buttiamo tutto nel piatto - e coroniamo con la magnificenza di crema di broccoletti. Faremo un test: broccoletto dentro, fuori, sopra e in mezzo... un trionfo!.

**Ringrazio Guido Giusti
e Costanza Nobili,
miei vecchi compagni "d'arme",
e la loro splendida CasaCocò.**

Abruzzo

Orgogliosi, fieri e accoglienti,
gli abruzzesi ti conquistano per le bontà
che sanno produrre. A tutta natura.

Civitaretenga
Barete
PESCARA
Tempera
Paganica
L'Aquila
CHIETI
Lucoli
Santo Stefano di Sessanio
Rocca di Mezzo
Calascio

Le ricchezze dell'Aquila

Che bella città! Nonostante le rovine lasciate dal terremoto, si percepiscono una vita, una voglia di ricominciare, una forza e una bellezza fuori dal comune. Ho visitato la Basilica di Santa Maria di Collemaggio, il forte spagnolo, la piazza del Duomo e poi i paesi intorno, per scoprire tutte le bontà prodotte in zona. Non solo lo zafferano, che a Navelli è pregiatissimo prodotto simbolo, ma anche il grano Solina, antico cereale autoctono povero di glutine, ideale per fare la pasta. Franco lo molisce in un molino a pietra di inizio Novecento a Barete. Sul versante formaggi l'Abruzzo ha tanto da raccontare: a Castel del Monte Marinella mi ha fatto scoprire dei pecorini strepitosi della Cooperativa Campo Imperatore, il "marcetto", un formaggio morbido delizioso e il Canestrato di Castel del Monte, a latte crudo, che esalta tutte le particolarità dell'erba dei pascoli. A Paganica, uno degli epicentri del terremoto del 2009, ho conosciuto Mauro De Paulis e la sua famiglia, norcini da varie generazioni. Producono delle salsicce di fegato di maiale fantastiche e un guanciale strepitoso, fatto solo con maiali pesanti che arrivano da piccoli allevamenti della zona. Che posto l'Abruzzo, ragazzi.

Ravioli ricotta e Zafferano

ingredienti

PER L'IMPASTO

250 g di farina 1

50 g di farina di Solina

3 uova

sale grosso

PER IL RIPIENO

500 g di ricotta

1 limone

pepe

PER LA SALSA

20 fiori di zucca

pistilli di zafferano

30 g di pecorino

1/2 cipolla rossa

30 g di burro

Come di consueto, in una boule mescoliamo le farine, le uova e il sale; impastiamo con il cucchiaio fino a compattare tutti gli ingredienti, poi trasferiamo l'intruglio sulla spianatoia e iniziamo un po' di smaneggiamento classico coi palmi delle mani, per sentire l'umidità della pasta e renderla omogenea. Prendiamo il panetto a "sganassoni" e lo facciamo riposare coperto da un canovaccio. Nel frattempo mettiamo a bollire l'acqua per la pasta e prepariamo il ripieno, mescolando la ricotta in una terrina con un po' di pepe e un nonnulla di scorzetta di limone, che dà carattere. Mettiamo i pistilli di zafferano in una cocottina con qualche cucchiaio di acqua calda, poi prepariamo il fondo: in padella con una noce di burro facciamo ammalvire la cipolla mondata e affettata finemente e aggiungiamo i fiori di zucca privati del gambo e del pistillo, qualche granello di sale grosso e degli altri fiocchettini di burro. Stemperiamo con qualche cucchiaio di acqua bollente, copriamo e intanto che stufacchia facciamo i ravioli: stendiamo l'imoasto sottilmente e ritagliamo dei bei rettangoli; su metà sistemiamo un cucchiaino di ricotta, con le dita bagnate inumidiamo i bordi e ripieghiamo l'altra metà, chiudendo il raviolo e sigillando bene i bordi con i rebbi di una forchetta. Quando l'acqua bolle versiamo il sale, poi i ravioli e facciamo cuocere per tre minuti; nel frattempo aggiungiamo i pistilli di zafferano e il loro brodino nella padella con i fiori di zucca; scoliamo la pasta e la facciamo legare con l'intruglio. Nel fondo di un piatto da portata grattugiamo un po' di pecorino, impiattiamo i ravioli, condiamo con il sugo di fiori di zucca e zafferano e per finire una grattugiata di pecorino.

Lasagne di castrato e Pecorino

ingredienti

PER LE LASAGNE

300 g di farina 1

3 uova, sale

PER CONDIRE

500 g di castrato

carota, sedano, cipolla

2 fette di lardo

1 pezzetto di cotenna

200 g di pecorino

4 pomodorini

2 cucchiai di doppio concentrato di pomodoro

500 g di salsa di pomodoro

peperoncino

vino bianco

sale grosso, burro

olio extravergine di oliva

Iniziamo col preparare un sugo di castrato mettendo nel tegame sul fuoco una dose generosa di olio, la cotenna, il lardo e un battuto di sedano, carota e cipolla tagliato molto grossolanamente. Insaporiamo con i pomodorini tagliati a metà, il peperoncino sfranto, sfumiamo con il vino bianco e aggiungiamo il castrato a pezzi, mentre la fiamma è vivace. Facciamo rosolare per bene, aggiustiamo con il sale e poi coloriamo l'intruglio con il concentrato di pomodoro; stemperiamo con un po' di vino e, quando l'alcol è evaporato, versiamo la salsa di pomodoro. Lasciamo cuocere con il coperchio per almeno due ore. Nel frattempo prepariamo una sfoglia mescolando la farina, le uova e un pizzico di sale. La lavoriamo prima con il cucchiaio, poi a mano, e la stendiamo sottilmente. Ritagliamo le lasagne e le sbollentiamo per un paio di minuti in acqua salata. Scoliamo e sistemiamo il primo strato in una pirofila con i bordi e il fondo ben imburrati. Copriamo con una mestolata di sugo di castrato, qualche pezzettino di carne spolpata e una manciata di pecorino tagliato a cubotti. Strato di pasta, ripetiamo l'operazione e chiudiamo con un'ultima sfoglia, il sugo, il pecorino grattugiato e due fiocchetti di burro. Inforniamo a 250 gradi per i primi 10 minuti, poi 120 gradi per altri 10. Vi avverto: è stratosferica, inenarrabile... Qui andiamo sulle 1200 calorie a millimetro cubo, ma chissenefrega.

Chitarra con asparagi e Crema d'uovo

ingredienti

PER LA PASTA

1 uovo d'oca

1 uovo di faraona (va bene anche di gallina)

200 g di farina 1

PER IL CONDIMENTO

1 mazzo di asparagi

1/2 bicchiere di crema di latte

1 cucchiaio di pecorino

1 tuorlo

sale e **pepe nero**

Ho preparato una pasta fresca impastando bene farina e uova di oca e faraona. Ho abbinato l'asparagina trovata nella Valle Subequana agli spaghetti alla chitarra, meraviglioso formato che si fa, appunto, con la "chitarra", antico stampo a corde per la pasta. Per prima cosa cuociamo le punte degli asparagi in acqua calda salata. Stendiamo una sfoglia di pasta e la poggiamo sulla chitarra: con il mattarello ci ripassiamo sopra con forza per ottenere gli spaghetti. Appena pronti li versiamo nell'acqua con gli asparagi. In un altro tegame, sul fuoco acceso, mettiamo un po' di crema di latte, pecorino grattugiato, una macinata di pepe e un rosso d'uovo. Smuciniamo il tutto fino a che non si addensa, creando una sorta di zabaione salato.Scoliamo spaghetti e asparagi direttamente nel piatto, ci versiamo sopra la cremina e mescoliamo. La pasta ha preso tutto il sapore dell'asparago. Grazie all'Abruzzo che mi ha fatto scoprire cose tanto buone!

Cosciotto di Castrato Ripieno

ingredienti

1 cosciotto di castrato
1 fetta di lardo
1 spicchio d'aglio rosso
finocchietto, rosmarino, salvia
1 scorza di limone
sale e **pepe nero**
olio extravergine d'oliva
1 goccio di vino bianco

Sono andato a Tempera da Secondino Moro a capirne di più sul castrato, animale che ha carne più grassa e abbondante di quella delle pecore, ideale per gli arrosticini. Qui ho rimediato un cosciotto e lo voglio nobilitare con un super arrosto. Per prima cosa lo disossiamo, utilizzando solo la parte centrale (con i ritagli faremo un sugo). Apriamo con il coltello il pezzo di carne e lo farciamo con un trito fatto di una fettina di lardo, un sentore di finocchietto, un pezzettino di aglio rosso di Sulmona, due foglioline di salvia, una cimetta di rosmarino, una scorza di limone, un pizzico di sale grosso. Una spolverata di pepe e arrotoliamo il cosciotto, chudendolo con uno spago e posizionandolo in una teglia foderata di carta forno. Condiamo con un goccetto di olio, un nonnulla di vino bianco, finocchietto, salvia, rosmarino e due bacche di ginepro. Intacchiamo la superficie del cosciotto con una lama e inforniamo. Una volta pronto, aspettiamo che si intiepidisca un po', affettiamo e impiattiamo, insieme a un po' del suo fondo. È di una tenerezza disarmante!

I formaggi di Lucoli

Lucoli, dopo i danneggiamenti del terremoto, si è spopolata; Marco caparbiamente è rimasto qui e ha aperto un caseificio che produce dei formaggi stratosferici. Ottimo il pecorino, prodotto con latte locale pastorizzato o crudo, poi mozzarelle vaccine che hanno un sapore incredibile, dal fiordilatte alla treccia alle pezzature giganti. Ma, soprattutto, al Caseificio Campo Felice si fa il Blucoli, il Blu di Lucoli, un formaggio erborinato con le spore fungine del Roquefort, ma molto più fresco, delicato e cremoso.

Gnocchi con il Blucoli

ingredienti

PER GLI GNOCCHI

1 uovo

2 cucchiai di farina 1

2 patate lesse

sale

PER IL SUGO

1 noce di burro

100 g formaggio Blu di Lucoli (o altro erborinato)

3 noci

Voglio nobilitare il fantastico erborinato che ho assaggiato a Lucoli con gli gnocchi. Prepariamo l'impasto con un uovo, due cucchiai di farina, un pochino di sale e due patate lesse schiacciate. La consistenza dello gnocco è soggettiva: diciamo che l'importante è che la pasta non si appiccichi più alle mani quando la maneggiamo, quindi si può aggiungere farina secondo il proprio gusto. Allunghiamo il nostro cilindro e tagliamo gli gnocchi: per arricchirli di effetti speciali, si può fare lo zigrinato con una forchetta oppure li lasciamo lisci. Li facciamo riposare e asciugare un po', mentre prepariamo il fondo. In padella sciogliamo una noce di burro e una bella dose di formaggio Blu di Lucoli. Per amalgamare il tutto, aggiungiamo un paio di cucchiai dell'acqua calda nella quale cuoceremo gli gnocchi. Rompiamo grossolanamente nel formaggio sciolto tre gherigli di noce, dopo averli lasciati un quarto d'ora ad ammollare nel vino per togliergli l'odore di "chiuso" che spesso hanno. Caliamo gli gnocchi nell'acqua e appena vengono a galla li saltiamo nel fondo di formaggio. Impiattiamo e testiamo: il sapore è strepitoso. Grazie Marco per il Blucoli. Viva l'Abruzzo e le sue eccellenze.

Terra di legumi

A Paganica Marta e Matteo di Campo La Perola coltivano i fagioli tondi "a olio", chiamati così, forse, perché in passato venivano barattati con l'olio che arrivava da Teramo, e i fagioli bianchi "a pisello", entrambi con buccia sottile, i primi più saporiti, i secondi più delicati. A Santo Stefano di Sessanio, uno dei paesi più piccoli d'Italia, si producono meravigliose lenticchie. Ettore, dell'azienda agricola Ciarrocca, mi ha mostrato le piccole piantine, che una volta cresciute danno un prodotto unico per sapore e componenti nutrizionali: il seme è autoctono, i primi cenni storici riguardo a questa coltivazione risalgono a centinaia di anni prima di Cristo. Altri legumi unici, i ceci rossi dell'aquilano, li ho scovati grazie a Cristina dell'agriturismo In Fattoria, una piccola oasi di paradiso a Rocca di Mezzo. Buccia rossa, taglia piccola e sapore robusto e selvatico, questo cece ha una consistenza incredibile, per questo va messo in ammollo almeno 24 ore prima di cucinarlo.

Pasta mischiata

ingredienti

200 g di farina di grano Solina
1 fettina di lardo
2 spicchi d'aglio
2 fette di guanciale di Paganica
peperoncino secco
200 g di fagioli di Paganica
brodo vegetale, olio extravergine d'oliva

Sagne con fagioli e guanciale. Prepariamo un classico impasto acqua e farina, lo stendiamo e lo tagliamo a losanghe. In un tegame mettiamo un filo d'olio, due striscettine di lardo e due becche d'aglio schiacciate. Tagliamo due fette di "sua maestà" il guanciale di Paganica: gli togliamo la cotenna e la lanciamo nel brodo vegetale, mentre il resto lo tagliamo a strisce, aggiungendolo in tegame insieme a un po' di peperoncino secco. Uniamo tre manciate dei meravigliosi fagioli di Paganica già messi in ammollo; saltiamo, sfumiamo con un nonnulla di vino bianco e, quando l'alcol è evaporato, copriamo con il brodo vegetale. Lasciamo cuocere con il coperchio per almeno 45 minuti. Quando i fagioli sono pronti, lessiamo la pasta in una pentola separata, la scoliamo nel piatto e la uniamo alla zuppa di fagioli e guanciale.

ingredienti

300 g di lenticchie **di Santo Stefano di Sessanio**
1 spicchio d'aglio
1 foglia di alloro
olio extravergine d'oliva
1 fettina di guanciale
200 g di tubetti

Tubetti e lenticchie. Innanzitutto mettiamo le lenticchie in una pentola, poi aggiungiamo una becca d'aglio schiacciata e senza sederino, una foglia di ottimo alloro (colto a 1150 metri sul Gran Sasso), un giro d'olio di Ofena e acqua come a coprire il tutto. Facciamo cuocere con il coperchio. Nel mentre lasciamo appassire in padella un po' di guanciale, tagliato a quadrucci, a fuoco basso; sfumiamo con un goccio di vino e spegniamo, lasciando insaporire per una ventina di minuti. Caliamo la pasta in acqua bollente salata e, una volta pronta, la saltiamo nella padella con il guanciale. Uniamo le lenticchie e godiamo.

A chiusura saluti, baci e un fortissimo grazie ad Ambra Prosperini, che ci ha accolto con calore e gentilezza.

Indice

GIORGIONE
orto e cucina 3

editor
Pina Sozio

con la collaborazione di
Serena Ciurcina

raccolta testi
Paola Parisi

progetto grafico
Simona Picchiarelli

impaginazione
Simona Moretti

responsabile fotografia
Rossella Fantina

fotografie
Francesco Vignali

immagini dai set
Lorenzo Dell'Uomo
Stefano Monticelli

styling
Emanuela Rota

illustrazioni
Giulia Perin

Gambero Rosso®
Gambero Rosso S.p.A.
via Ottavio Gasparri, 13/17
00152 Roma
tel. 06 551 121
fax 0655 112 260
www.gamberorosso.it

direttore editoriale
Laura Mantovano

responsabile grafica
Chiara Buosi

produzione
Angelica Sorbara

direttore commerciale
Francesco Dammicco

responsabile distribuzione
e vendita prodotti editoriali
Eugenia Durando

Codice ISBN 978 88 6641 132 1

stampa
Omnimedia srl
p.zza della Ferriera, 1
00015 Monterotondo Scalo (RM)
tel.06 83962660

distribuzione in libreria
Messaggerie Libri S.p.A.
via Verdi, 8 - 20090 Assago (MI)
tel. 02 457 741 - fax 0245 701 032